電話だけで3億円売った　伝説のセールスマンが教える

お金と心を動かす会話術

自己紹介からクロージングまで

浅川智仁
Tomohito Asakawa

かんき出版

はじめに

「営業のあなた」に、最強の武器を贈りたい

想像してみてください。

あなたは、ある会社で電話による営業を行なっています。対面営業よりはるかに難しいと言われている電話営業です。

見ず知らずの相手に電話をかけて、何十万円もする商品を電話での会話だけで買ってもらわなくてはなりません。

「もしもし、○○会社の○○と申しますが、○○部長はいらっしゃいますでしょうか？」

「今、外出しておりますが」

「あ、そうなんですね。お戻りはいつごろでしょう？」

「あー、ちょっとわからないです」

「…………」


はい。終了〜〜〜。

こんな電話のかけ方をしていては、あなたは永遠に商品を売ることはできません。

この短い会話の中に「改善すべき点」が少なくとも3つあるからです（それがどこなのかは本文でお話しします）。


えっ？

「そもそも、電話だけで何十万円もする高い商品が売れるわけがない」ですって？

おっしゃるとおり。私も昔はそう思っていました。

モノが売れなくて悩んでいるあなた。

お客様とどう会話したらクロージング（成約）にもっていけるのかわからないあなた。私は、そんなあなたに、

「最強の武器・お金と心を動かす会話術」を贈りたい！

＊＊＊

こんにちは。

浅川智仁と申します。

私はかつて、平均単価が120万円を超える高額な社会人向けオーディオ学習プログラムを扱う会社で電話営業をしていました。

もともと、営業という仕事に嫌悪感すら抱いていた私ですが、同社で、営業の素晴らしさ、面白さ、奥深さに目覚めました。

営業職ほど自分を磨くことができ、目の前の人を感動させられて、しかも、自己成長がそのまま収入につながる仕事はないと気づいてしまったのです。

そして、私は入社2年で、年間個人売り上げ第1位を獲得。

クロージングまで一度もお客様と会うことがない電話営業で、3億円を売り上げた実績があります。

その後、営業コンサルタントとして独立。
現在は、個人・法人を問わず、営業の実践的なノウハウはもちろん、営業という仕事の価値や素晴らしさを伝える講座や研修、講演をさせていただいています。

私の講座を受講された方々の声です。

◉「浅川さんのアドバイスのお陰で、2015年度から3年連続で『レクサス』トップ・オブ・セールス1位を達成しました！」
（平澤賢治様／レクサス足立店 レクサススペシャリスト）

◉「借金まみれでバイク便の仕事をやっていたころ、浅川さんに出会ってから僕の人生が好転していきました。不動産会社時代には、入社1年半で課長に昇進、受注額、新規件数で1位を獲得。リクルートに転職してからは、月間MVP2回、月間新規王2回など数々の記録を達成しました！」
（渡邉雄太様／株式会社リクルートキャリア）

◉「浅川さんから学び始めてすぐに、創業して17年で過去最高の売り上げを達成しました！　さらに、過去最高利益も達成しました！　浅川さんと出会ったらどんなに豊かな人生が待っているかを、苦労していたころの自分に教えてあげたいです」

（渡邉悟充様／三鷹ＪＣ　第46代理事長／株式会社リアライズ　代表取締役社長／居酒屋「落日酒楽」経営）

◉「浅川さんと出会い、今まで自分では見えていなかった能力を目に見える形で数値化することができるようになりました。結果、ありがたいことに、クリニックの売り上げは倍増！」

（竹田啓介様／湘南美容クリニック・エリア統括ドクター・脂肪吸引最高責任者）

いかがですか？

私があなたに贈りたいと思っている「お金と心を動かす会話術」が、**どんな業種、業態でも通用する**とわかっていただけましたでしょうか？

本書では、そんな「人生を変える講座」の内容を書籍化し、出し惜しみすることなく、お伝えするつもりです。

私がまだ就職浪人をしていた2002年。

ある企業の会社説明会で聞き、今も忘れられない言葉があります。

その会社説明会の前日にサッカーワールドカップの日本代表の試合があって、社長さん、説明会で開口一番、集まった学生たちにこう話しかけたんです。

「みんな、昨日のサッカー、見たか?」

ほとんどの学生が手をあげました。

「感動したか?」

多くの学生が頷《うなず》きます。

その学生たちを見て、社長さんはこう続けたのです。

「でもさ、他人《ひと》の人生に感動するよりも、自分の人生に感動する生き方をしないか?人生のグラウンドに立たないか?」

この言葉は、当時22歳だった私の胸に刺さりました。
以来、私は「自分の人生のグラウンドって何なのか?」と自問自答しながら生きています。

私は、**あなたにも、あなた自身の人生のグラウンドに立ってほしい**。
そして、思いっきりプレーを楽しんでもらいたい。
そのための「武器」をこの本のなかに詰め込みました。
本書が、あなたの人生を変えるお手伝いになることを願っています。

浅川智仁

目次

電話だけで3億円売った伝説のセールスマンが教える
お金と心を動かす会話術

CONTENTS

CONTENTS

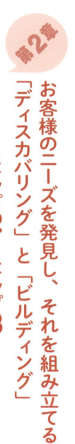

第2部

「売れる人」はこう考えている！

カバーデザイン　井上新八
本文デザイン・ＤＴＰ　佐藤千恵
編集協力　西沢泰生
素材提供：Max Griboedov /Shutterstock.com

第1部

奇跡の営業会話術

【自己紹介からクロージングまで】

営業とは、〇〇の移動である

まずは営業とは何か？　というお話を少しさせていただきます。

ここで質問です。

「営業とは、〇〇の移動である」

さて、あなたはこの〇〇の中に入る言葉が何かわかりますか？

私が大好きなモチベーター、ジグ・ジグラーはこう言っています。

「営業とは、感情の移動である」

たとえば、生まれたばかりの赤ちゃんだって、営業活動をしています。

赤ちゃんが泣いているので、抱っこしたりミルクを与えたりしたけれど泣いたまま。

それで、おしめを替えてみたら泣き止んだとします。

赤ちゃんは、「おしめを替えてほしい」という「感情」を「泣くこと」で伝えた。

感情をお母さんに移動させていますから、**お金の移動がないだけで、立派な営業活動**です。


この「営業とは、感情の移動である」という概念で言えば、「笑ってほしいな」と思って言葉を投げかけた相手が笑ってくれたら、営業成立ですよね。


以前に私が営業した方が、「浅川さん、よく分かんないけど、そこまで言うんだったら頼むわ」と70万円もするプログラムを買ってくださったことがありました。

その方、契約後に書いていただくヒアリングシートでは、「決め手は何ですか？」

の問いにこうありました。

「浅川さんの声から、自信と確信だけが伝わってきて、気がついたらYESと言っていた」

これこそ、声から私の感情が移動したという格好の例ですね。

売れる営業は「自分の提案はこのお客様のためになる」と自信をもっているので力強いのです。お客様と一緒に悩んだりしません。

よい営業は、お客様に対してリーダーシップを発揮する。

営業が、「売れないかな……」と、**自信がなければ、その感情が移動しますから、お客様は買ってくれなくて当然**なんです。

ですから私は、電話営業になりたてのころ、ポケットの中に石を入れていました。

なんのためだと思います？

お客様が「難しいなぁ」とかおっしゃったときは、ポケットの中の石をグッと握りしめて、「自分からあきらめない、自分からあきらめない、お客様をお導きするのはオレだ」と自分を奮い立たせて電話をしていたんです。

さらに言えば、営業は「感情の移動」ですから、

お客様をハッピーにするためには、自分が楽しんでいないといけません。

自分が大好きなレストランを人に勧めるときって、「あの店のカルボナーラ、最高だよ！」と、喜々としてプレゼンしますよね。

ですから、営業になりたての人は、「3分で、自分が好きなレストランに、相手が行きたくなるように話す」というのが、よいトレーニングになります。

営業の定義とは？

前の項で、ジグ・ジグラーの「営業とは、感情の移動である」という言葉を紹介しましたので、今度は、私が考える「営業」の定義です。

私は、「営業」を次のように定義しています。

「営業とは、目の前の人の問題解決と願望実現のお手伝いを、扱っている商材やサービスを使って行なうことである」

私は、営業をこう定義することによって、営業は、「お客様から喜ばれるもの」「お客様に感謝されるもの」「お客様に感動を与えるもの」と考えています。

ですから、全力で営業活動ができるわけです。

定義の中にある**「問題解決と願望実現」とは、つまり「ニーズ」**のこと。**「こんな問題を解決したい」「こんな願望を実現したい」というのが、お客様が持っているニーズです。**

お客様とお話をするときは、常に、この2つ、「このお客様はどんな問題を解決したいのだろう？」「このお客様はどんな願望を実現したいのだろう？」**にアンテナ**を立てていなくてはいけません。

そして、ニーズを見つけたら、扱っている商材やサービスを使って、そのニーズをかなえてさしあげる。言ってみれば、**お客様にとって、営業はドクター**なんです。

ここで考えてみてください。

受診に来た患者さんに手術が必要な悪いところが見つかったのに、手術代が高いからといってそれを伝えないドクターがいるでしょうか？

医者なら手術を提案するのが当たり前ですよね。

ですから、**どんなに高い商品でも、お客様に必要だと思えば自信をもって勧めてく**

ださい。

言い切ることができない営業は、仕事をしているとは言えません。

だって、お客様にとって、営業はドクターなんですから。

これを私はドクターセールス法と呼んでいます。

ただし、買う、買わないはお客様が決めることです。

私が福岡で支店長をやっていたころ、この話をしたら、「それじゃ、浅川支店長、私、これから白衣を着て営業電話をかけてもいいですか？」と言ってきた部下がいました。「おっ、それ素晴らしいアイデアじゃん！」と許可したら、その部下、本当に週明けから白衣を着て聴診器をぶら下げて営業電話をするようになったんです。

どうなったと思います？

なんと、それまでトップテンに1度も入ったことがなかったその部下、わずか2か月後には、全国1位になったんです！

すごい変化ですよね。

なぜ、そんなにも変わったのかというと、「自分はお客様のドクターなんだ」と意識が変化したことで、**ただのモノ売りから、本気でお客様に提案する営業に変わった**んですね。

そして、そうやって提案したお客様から「ありがとう」と感謝されて、さらにヤル気がアップしたのです。

あなたも、たとえ白衣は着ていなくても、自分はお客様のドクターだと思ってください。

営業がテクニックを学ぶのは、実は、お客様のためなのです。

自社の商品やサービスで、お客様の問題解決と願望実現のお手伝いを提案できる。

そして、お客様から感謝されるのが良い営業です。「お金と心を動かす人」は、感謝を生み出す人なのです。

次ページからは「感謝を生み出す売れる人」になるための浅川流セールスの9ステップを説明します。

浅川流「セールスの9ステップ」

セールスやプレゼンテーションの全体の流れとして、浅川流「セールスの9ステップ」というものをご紹介します。

9ステップとは、「アプローチ」「ディスカバリング」「ビルディング」「テストクロージング（アポイント設定）」「レビューイング」「2度目のビルディング」「2度目のテストクロージング」「リゾルビング」「ファイナルクロージング」です。

まずは要約して説明し、その後、1つずつ詳しく解説していきます。

▼ステップ1　アプローチ

最初は「アプローチ」です。別の表現なら**「接触を図る」**。ここではとにかく、いかにお客様に接触し、そして**印象をよくするかというのが大事。**感じが悪い人から人はモノを買いません。返事も横柄で、こちらの質問にも怪訝《けげん》な表情で答えるような販売員からは、どんなに商品が魅力的でも買う気持ちは失せますよね。

⇐

▼ステップ2　ディスカバリング

2つ目は、「ディスカバリング」。昔、「ディスカバリー」という名のスペースシャトルがありましたが、「ディスカバリー」とは「発見」という意味。つまり、これは**お客様のニーズを発見**するステージ。ニーズとは「問題と願望」でしたね。お客様の課題、悩み、願望、夢、希望などを見つけるのがこのステップです。

⇐

▼ステップ3　ビルディング

3つ目は「ビルディング」。見つけた**ニーズをたくさん「組み立てて」いって、大きくしていく**というイメージです。この「ビルディング」が**うまくなると、単価が上がり**ます。逆に、**ここがうまくいかないと、無料お試しセットで終わってしまいます。**

⇐

▼ステップ4　テストクロージング

4つ目は「テストクロージング」。**「もし課題が解決できそうならやってみたいですか?」という確認ですね。**「テストクロージング」して、相手がヤル気なら、「じゃあ、次はいついつお話ししましょう」という「アポイント設定」に入ります。

⇐

▼ステップ5　レビューイング

5つ目は「レビューイング」。ディスカバリングのときに掘り出したニーズについて、もう1度思い出してもらうためのステップです。テレビドラマで言えば「前回のあらすじ」のようなものです。

これは**「要約」のこと**です。相手が長く説明したことを「○○で、○○なんですか」と、短くして繰り返すというテクニックです。

相手のニーズを聞き出して、「2週間後に会いましょう」となって、2週間後、契約書を持って訪問すると、相手の熱が冷めていることがありますよね。テンションが下がってどうやって断ろうか考えているような感じ。もう、天気の話なんてしている場合ではありません。

そんなときに、使えるのが、この「レビューイング」です。

商談のとき、はじめにノートを開いてこう言うんです。「これからご提案しますが、その前に、この間のお話をまとめてみました。再確認しますから間違っていたらおっしゃってくださいね」。そして、**初回での会話を再度レビューする。**

「○○について3つお悩みなんですよね？」「それについて○○してみたけどなかなかうまくいかなかった？」「で、私が前回でご提案した○○が効くのではないかと思われた？」といちいち確認して「イエス」をもらいながら、**前回で話したときの熱を復活させてから具体的な提案に入る**んです。

これは効きます。

真剣に悩んでいる方なら、「浅川さん、今、聞いていて思い出したけど、問題点は3つじゃなくて4つあった」と購買意欲がさらに上がることもあります。

もちろん、この**「レビューイング」を使うためには、相手のニーズを正確につかんでいなくてはいけません。**

⇐

▼ステップ6　2度目のビルディング

6つ目は再度「ビルディング」。「レビューイング」で課題を再確認したら、もう1回、「ところで、その課題が解決できたら、どうでしょうか?」ということを**再度、組み立てる**のがこのステップです。〝やっぱりこれが欲しい〟と、もう一度お客様の購買意欲をかき立てていくのです。

⇐

▼ステップ7　2度目のテストクロージング

7つ目。ここでもう1度「テストクロージング」です。**「あらためて聞かせてください。これができるのであれば、やってみたいですか？」**と。もちろんこれはクロージングが目的ですが、実は、ここでの「テストクロージング」には、「やってみたいんだけど、やっぱり高いよ」とか、「ちょっと嫁に相談させて」などの「買えない障害」、セールスの世界でいう**「懸念」を引き出すという、もう1つの狙い**があるのです。

⇓

▼ステップ8　リゾルビング

8つ目は「リゾルビング」。**お客様の懸念を「解決」する**のがこのステップです。お客様が「購入できない」と思い込んでいる障害を、解決していく段階です。実をいうと、**この段階こそが、プロとしてのあなたの価値が最も発揮される部分だと認識してください。**

普通だったら**〝そのように〟**考えて前へ進んでいけないところを、**〝このように〟**考えてみたら購入できませんか、という解決策を提案していきます。詳細は本編で語りますが、**私はこれを「価値観の中和」と呼んでいます。**

購入していただくためには、このように考えてみましょうという解決策を提案することがこの段階で求められることです。

⇧

▼ステップ9　ファイナルクロージング

最後は「ファイナルクロージング」です。簡単に言うと、購買行動を具体的にとってもらう段階のことです。契約書へのサインを促し、実際にサインをしていただくステージといえばわかりやすいでしょうか。

この段階で決定的に大事なことに少し触れておくと、契約する「今」にフォーカスをあてるのではなく、契約をしてから後の「未来」にフォーカスをあてるということです。

お客様は何らかの問題や悩みを解決したい、希望や理想を実現したいと望み、あなたの商品を買う決断をされたわけです。問題解決をした未来、願望実現をした未来を、イメージさせてください。

そしてもう一つ、浅川流で大切にしていただきたいことは、**「なぜこの商品（サー**

ビス）の購入を決めたのか」というニーズ（問題と願望）を再度聞き取っていくことです。

覚えておいてください。

このファイナルクロージングの段階でYESをいただいたとき、お客様はあなたに対して、最も心を開いています。つまり、心の奥底に眠っていた本音の本音が出てくるわけです。

この本音の本音を聞き取れるかそうでないかで、ただの契約だけで付き合う「セールスパーソン」なのか、末永くお付き合いができる「問題解決と願望実現のドクター」なのかが分かれていきます。

本書はこの流れに沿って「お金と心を動かす会話術」を説明していきます。

ただ、ステップ4の「テストクロージング」からステップ9の「ファイナルクロージング」までについては、より詳しく段階的に説明しています。ですので、多少流れと違っている箇所もありますが、たった1項目を覚えて使っただけでも効果が出ますので、気になった箇所から読み進めていただいても構いません。

第1章

相手との距離を縮める「アプローチ」

――ステップ1

人に好かれる「自己紹介」の4ステップ

会話で人にモノを買っていただくためには、相手と打ち解ける必要があります。いわゆる「アイスブレイク」。アメリカのエグゼクティブは、アイスブレイクのときに使うユーモアのトレーニングを受けるといいます。

日本の場合、初めて話す相手とのアイスブレイクの手段は「自己紹介」ですね。結論から先に言いますと、「人に好かれる自己紹介」は、次の4つのステップを踏んで話すと効果的です。

現在→過去→未来→現在

さらに詳しく言えば、**2つ目の「過去」の部分には、あなたの「失敗や逆境」**を入れてください。そして、**3つ目の「未来」には、「夢や使命」**を入れてほしいのです。

このフォーマットのとおりに自己紹介をすると、相手は「この人と会って話をしたいな」「魅力のある人だな」と思ってくださいます。

では、フォーマットに当てはめて、私、浅川の自己紹介をしてみましょう。

「はじめまして、営業コンサルタントとして個人・法人を問わずに営業の素晴らしさをご紹介している浅川と申します」

ここまでが「現在」ですね。次は「過去」へと話を続けます。

「今は、この仕事をしていますが、実は、かつての私は営業のことを、嫌悪感を抱くくらいに差別していました。理由は明確で、実家がスーパーをやっていて、お酒や清涼飲料水などの会社の営業マンが、うちの父親のところに来て、いわゆる『おべっか』をふるっている姿を幼いころから見ていたからです。『営業というのは、口八丁手八丁で感じのいいことだけ言っているな』と思っていたんです。

大学のときには、憧れていたすごいカリスマの先輩が某大手ビール会社に就職して営業職になったと聞いて、すごくがっかりしたこともありました。

そんななか、実家のスーパーが倒産し、２０００万円もの借金を背負ってしまいました。私は、それを返済するために、差別していた営業職、しかもコミッションの入るガチガチの営業職をやらなくてはいけなくなってしまったのです」

ここまでが、過去の「失敗や逆境」ですね。次は「未来」の「夢や使命」です。

「やむにやまれぬ理由で営業の世界に飛び込んだ私ですが、営業をやり続け、学んでいくと、『営業職ほど自己研鑽ができて、人を感動させられる仕事はない』ということに気づきました。『人生を変えられる最高の仕事は営業だという事実』を多くの人たちに伝えたいと考えた私は、営業コンサルタントとして起業したのです。いずれは大学で営業を体系的に教えていきたい。そして、子どもたちの憧れの職業ランキングのベストファイブ以内に営業職が入るような、そんな世の中を作りたいと考えています」

そして、最後、4ステップ目で、次のように「現在」に戻るのです。

「というわけで、今日は皆さんに、営業の素晴らしさと営業の現場で実際に使える超効果的なテクニックについてお話をしたいと思います。よろしくお願いいたします！」

だいたいこんな流れです。これ、実は小説や映画の鉄板ストーリーでもあります。最初から最後までずっとイチャイチャしている恋愛小説なんて読みたくないですよね。元カレが現れたとか、彼の転勤が決まるとか、紆余曲折《うよきょくせつ》の苦難があるから、主人公に感情移入することができます。

テレビのビジネス関連のドキュメンタリー番組もそうです。苦難を乗り越えて「うおーっ」となるから感動する。自己紹介も同じなのです。

さらにここで1つ、効果的なプレゼンテーションのワザをお伝えしましょう。

名付けて、**浅川流「物語話法」！**　それは、こんな感じでスタートさせます。

「本日は講座にお集まりいただきありがとうございます。営業の素晴らしさについてお話をさせていただく前に、ここで、ある1人の青年の話をさせてください」

もうお気づきですね。

これは、自分のことを、まるで他人のことのように話しはじめるというワザです。

「その青年は……」と、ずっと他人事のようにお話をしていき、最後の最後で、「その青年とは、実は今、皆さんの目の前にいる私なんです」と、正体を明かす。

そもそも、いきなり「私の話をさせてください」と言われるより、**人は「伝聞形」の話の方が相手の耳に入りやすい。**「○○はダメです」より、「ダメだと言われているようですよ」の方が、素直に聞けるのではありませんか。

相手が権威のある先生なら別ですが、言い切られるとカチンとくるのが人間。

「○○のようですよ」と言われると、少しソフトに伝わります。

この浅川流「物語話法」、ハマると、さりげなくはじめて、最後に正体を明かしたときに、どよめきが起こるくらいに反応がありますので、ぜひ、使ってみてください。

たとえば、私の講座の第1期生で、保険会社で営業をされているある方は、営業でご夫婦に保険の提案をするとき、この手法を使って、「今日は、ご提案の前に、１人の男性の話をさせてください」とプレゼンをはじめ、最後にその話の中の男性が自分だと明かしたとき、聞いていた奥様が感動して拍手をしてくださったそうです。もちろん、ご夫婦ともに保険にご加入いただけたとのこと。

モノがあふれる現代。

「何を買うか？」という時代ではなく、「誰から買うか？」という時代になりました。

ですから、このように、「自己紹介」で、鉄板のストーリーやワザを使って、お客様に、自分に対して感情移入していただくことが重要なのだと心得てください。

最短で「ラポール」を築く方法

「自己紹介」の4ステップの項でも触れましたが、現代は「何を買うか？」ではなく、「誰から買うか？」が重視される時代になりました。

昔は「クロージング（成約）ができる会社や営業マン」が重宝されましたが、今は**「お客様の信頼を勝ち得る人が勝つ時代」**なんです。

固い表現なら「友好関係要因」が「販売成功の最大決定要因」になっている時代。

私の感覚では、この変化を実感したのは2004年ごろからでしょうか。最大の理由は、ネット社会の発達によって、「お客様が賢くなったこと」だと考えています。考えてみてください。昔と違ってネット検索すればいくらでも商品情報を得られます。小手先のクロージング力だけでは通用しないんです。

ですから、**「あの人が言うんだったら間違いない」という信用づくりが決定的に大事**になったのです。逆に言えば、それがあれば、会話だけでも売れます。

私が以前にいた会社は、「1回の電話でクロージングまで」が方針でしたが、私の提案で「あえて2回目の電話でクロージングをかける」という方針に変更して売り上げが上昇しました。これも**「1回目からいきなりクロージングを急がないこと」によって、お客様の信頼を得る方向へと変換**したということなのです。

皆さんご存知だと思いますが、心理学用語に**「ラポール」**という言葉があります。意味は「人がお互いに信頼し合い、安心して感情の交流を行なうことができる関係が成立している心的融和状態」。

もともとはフランス語の「橋をかける」という言葉で、要は、**相手と自分の間に心の橋がかかっている状態**ですね。

お客様との間に、このラポールを築くことができれば、モノは売れます。

あなた、今、「じゃあ、どうやってラポールを築くんだよ」と思いましたね。

一番、手っ取り早い方法をズバリ言いましょう。

相手とラポールを築く、一番簡単な方法。それは……。

「とにかく過去を共有する」

これが浅川流、「手っ取り早く、相手とラポールを築く方法」です。

相手と過去を共有できれば、もう一発で、橋がかかります。

人は、自分と共通点がある人が大好きなんです。

特に、「共通の過去」は、人生の一部を共有しているということなので強い。

私は、初めて名刺交換した人と会話をしていたら、なんと10分くらいで、同じアパートの同じ階に同じ時期に住んでいた人だったと判明したことがあります。

もう、あっという間にラポールが築かれました。

こういう発見をするためには、**相手に自分の過去をしゃべることが大事**です。
ですから、自己紹介って大切なんです。
何も「過去」でなくても、趣味や好きなタレント、好きな映画だっていい。

「私、もう肉が好きで」
「あっ、私もです」
「ホントですか、すごくうまいステーキを出す店、知っていますよ」

これだっていいんです。
浅川流、「手っ取り早く、相手とラポールを築く方法」。
ぜひ、やってみてください。

印象をよくする4つの会話のコツ

相手に買っていただくためには、「この人と話をしていると気分がいい。もっと話をしていたい」「また会いたい」と思っていただかなくてはなりません。

そのためのコツを4つご紹介します。

▼コツ1　「相手の目を見る」

人間というものは、「相手に認めてもらいたい」という承認欲求が異常に強い。この欲求を満たすのが、「相手の目を見る」という行為です。特に営業は、「自分はあなたの味方ですよ」というスタンスが大事ですから、目を見て話すのは基本中の基本です。

今さらこんな当たり前のことを、と思われるかもしれません。しかし、たとえばコツ1でいいますと、今朝あなたは出社したときに、上司や部下に目を見て「おはようございます」と挨拶をしましたか？

「知っている」と「できている」は、天と地ほどの差があるのです。

▼コツ2　「相手の名前を呼ぶ」

これも、相手の承認欲求を満たす重要な秘訣です。

私が以前に在籍していた会社の会長は、社員にこんなことを言っていました。

「君たち、お客様にメールや手紙を書くときは、名前を5回入れなさい」と。

具体的にはこんな感じですね。

「Aさん、先日はありがとうございました。Aさんの積極的なお姿に心を打たれました。ぜひ、Aさんの期待に沿うように頑張ります。それではAさん、寒さ厳しいおり、体調にお気をつけください。またAさんにお会いできるのを楽しみにしています」

どうですか？　名前が入っていないメールとまったく違う印象だと思いませんか。

▼コツ3　「相づちを打つ」

私はかつて、売り上げが少ないときは、「はあ」という気の抜けた相づちを打っていました。しかし、この「相づちの打ち方」を変えただけで売り上げが上昇しました。

ここで、**相づちのコツ**は、**「次の展開を手伝う」**。

1つ目のコツは、**相づちのコツを2つ**お教えしましょう。

「先日ね、六本木にご飯食べに行ったんですよ」

「ほう、それで？」

「そうしたら、久しぶりに学生時代の友だちに会ってね」

「なんと！　それで？」

これ、なかなか使い勝手がいいです。小さいお子さんが、学校であったことを報告するのを聞くとき、「そんなことがあったの。それで？」と促すイメージですね。

相づちのコツ、2つ目は**「感情表現を使う」**。

「先日ね、お客様からキャンセルがあったんですよ」

「いや、それはお辛かったですね」

「今度ね、孫とディズニーランドへ行くんですよ」

「ワクワクしますねぇ」

この、感情表現で相づちを入れるというのは、すごく大事です。

話している相手は「あっ、聞いてくれているな」と感じてくれます。

▼コツ4　「ビックリする」

「そうしたら、それが学生時代の先輩だったんだ」

「えーーっ！　すごい偶然ですね！　信じられない！」

と、こんな感じで、心から驚いてあげる。

自分の話にリアクションしてくれると、相手は嬉しいものです。

いかがですか、このようにして話を聞けば、相手との距離は確実に縮まります。

「話し上手は聴き上手」だと心得てください。

相手の心のひもを解いてゆくには、聴き上手にならなくてはいけないということです。

財布のひもは、この心のひもにつながっています。心のひもを緩めない限り、財布のひもなんて緩みません。会話のときの聴き方の大事さを認識してくださいね。

浅川流、相づちの「さしすそそ」

前の項で、印象をよくするコツの３つ目に紹介した、「相づち」について、浅川流、必殺の相づちをお伝えしましょう。

名付けて、**浅川流、相づちの「さしすそそ」**！

これは、相づちプラスビックリを凝縮した、私がよく使う相づちです。

「さしすそそ」って、別に訛っているわけではありませんよ。念のため。

では、まいりましょう。まずは、「さしすそそ」の「さ」。

「さすがですね」

相手の言葉に共感するときの鉄板の相づち。私は営業を始めたころ、相手を褒めるとき、この「さすがですね」しか言えませんでした（笑）。

次、「さしすそ」の「し」。

「信じられないです」

私、コンビニや居酒屋でも、もう、いきなり店員さんにこれです。

店員「おまたせしました！」
私「えっ!?　これは信じられない!!」
店員「……!?　何かございましたか？」
私「店員さんのビールのつぎ方、プロフェッショナルじゃないですか！」

こんな調子なので、私はどこの店でも2回目からは常連です（笑）。

喫茶店でコーヒーを出してくれた店員さんにこの調子で話しかけたら大学の後輩だったことがあります。

その店員さんとはフェイスブックでつながって、喫茶店をやめたあと、メーカーに就職して、私の講座に参加してくれました。

そういうことって本当にあるんです。

次、「さしすそそ」の「す」。

「すごいですね」

ポンポンいきます。続いて、「さしすそそ」の最初の「そ」。

「そういうことなんですね」

そして、最後の「そ」はこちら。

「そんなことがあったんですね」

人間というのは、**自分の過去を承認してもらえると嬉しいもの**です。

社長さんの創業時代の苦労談や役員さんの営業時代の自慢話や苦労話なんて、「えーっ、そんな過去があったんですね」と聞いてあげたら、どんどんいろいろなことを話してくださいます。

この、浅川流、相づちの「さしすそそ」、ぜひ、相手の目を見ながら、会話のときにバンバン使っていただければと思います。

1つだけ注意。

「実は、実家が倒産して……」という話題なのに、元気よく「そんなことがあったんですね!」と言う、これはダメです。

そこは、声のトーンを1つ2つ落として、神妙な表情で「そんなことがあったんですね……」と言っていただければと思います。

はじめての相手に、電話を取り次いでもらうには？

今度は、**「電話をターゲットに取り次いでもらいたいとき」**に使えるテクニックについてお話しします。

いきなり面談という営業形式もあるとは思いますが、はじめのアプローチは電話ということが多々あるので、ぜひこのやり方を覚えておいてください。

どんなに素晴らしい営業テクニックを持っていても、ターゲットとなる相手と電話がつながらなければ話になりません。

この、電話を取った相手から、**ターゲットに電話を取り次いでもらいたいときに使えるテクニックが、言い切った方が勝つという「勝者の呪い・暗示の法則」**です。

私、この法則、大好きなんです。

たとえば、あなたがある人と14時に待ち合わせをしたとします。なのに、時間になっても相手が来ない。仕方がないので連絡すると、相手は「えっ？ 待ち合わせ4時(16時)だよ」と。「14時じゃなかったっけ？」と言うあなたに、相手がこう言ってきたらどうでしょう？

「4時(16時)だよ。オレ、手帳にちゃんと書いてあるから」

さあ、あなたは、どう思いますか？

「そうか、じゃあ、自分の方が間違ったかな」と思いませんか？

これが「勝者の呪い」です。つまり、**言い切った人が勝っちゃう。**

堂々と言い切るって、ものすごく大事なんです。

自信をもって、「電話を取り次いでもらって当たり前」という空気感を出すのですね。

たとえば、初めてのお宅に営業電話をかけるとき。次のように電話をかけたらどうでしょう?

「もしもし、○○会社の浅川といいますが、お父さん、いらっしゃいますでしょうか?」

電話に出たご家族は、お父さんに「なんか、○○会社の浅川っていう人から電話だよ」と言います。聞いたお父さんは「あっ、営業の電話だな」と思って、「今、いないって言ってくれ」なんてことになると思います。

そこで、「勝者の呪い」を使って、こう電話するのです。

「お忙しいところすみません。浅川といいますけど、お父さんいますか?」

この電話を取った家族は、「お父さんのお友だちかな?」と思うはずです。

私も、かつて社長秘書をしているとき、「社長お願いします」という電話があって、てっきり社長の知り合いだと思って電話を取り次いだら営業で、社長から怒られたことがありました。相手の「勝者の呪い」にまんまとひっかかってしまったんです。

「勝者の呪い」は本当にすごいテクニックで、相手が留守のときも使えます。

×NG

「あ、もしもし、浅川といいますけど、お父さんいらっしゃいますか？」

「**ちょっと今いません**」

「あ、そうなんですね。お戻りっていつごろですか？」

「あー、ちょっと分からないです」


普通はこれで終わりです。ところが「勝者の呪い」を使うと次のようになります。

○OK

「浅川といいますけど、お父さんいらっしゃいますか？」

「今いません」

「あ、そうですか。戻りはいつも8時ぐらいでしたよね？」

「あ、いえ、最近はもう少し遅いです」

「わかりました。じゃ、9時に電話します」

こうやって、「8時ぐらいでしたよね?」と言うと、すごく近い人だと思ってくれるんです。これ、相手が会社でも、ターゲットの帰社時間を聞き出すことができます。

○OK

「社長はいますか?」

「社長は今いません」

「お戻りは6時ぐらいでしたっけ?」

「いや、今日は5時には戻ると言っていました」

「分かりました。では、5時に電話します。お名前ちょうだいできますか?」

「ヤマダと言います」

「分かりました」


こうやって、次に電話するときは、「ヤマダさんから、5時に戻られると聞きまして……」と電話するんです。

それで、つながったら「どうも初めまして。浅川といいます」とお話をはじめます。

まずは、電話はターゲットにつないでもらわないと話にならないので、こうやってテクニックを使うわけです。

なのに、多くの方は、相手に「○○会社で営業をしております○○と申します。社長様をお願いできますでしょうか？」と電話をかけています。

そんな電話のかけ方、「私、営業なんで、居留守を使ってください」と伝えているようなものだと、わかっていただけましたでしょうか？

ついでにもう1つ。

1日に1回しか電話しないというのは、営業丸出しです。

「社長様はご不在ですか。では、また後日、お電話します」

私が社長なら、「そいつからの電話のときは不在だと伝えてくれ」と秘書に言っておきます。

実は、1日に1回どころか、

「30分以内にもう1回コールする」というのが、電話を取り次いでもらいたいときの鉄板ワザなんです。

相手が戻ってきていたら、「何かあったのかな？」と思って確実に出てくれます。

それなのに、こともあろうに、毎日、同じ時間に営業電話をかける営業マンがいるんですよね。それで、「いつも不在だなぁ」なんて言っている。

「出るわけないだろっ！」と、ツッコミたくなります。

また、電話に出てもらっても、話を聞いてもらわなければ意味はありません。そのためのコツを紹介します。

かつての私の先輩方は「お時間ちょっとよろしいですか？」と言っていて、私の感覚だと、お客様の3割くらいしか話を聞いてもらえませんでした。

私は自分で考えて、「お時間、1〜2分いただけませんか？」と言ってみたら、話を聞いてくれる人の割合が6割ぐらいになりました。

で、ここでさらに次のようにしてみたんです。

◯OK

「◯◯さん、お時間3〜4分よろしいですか？」

「いや、今はちょっと……」

「わかりました。では、1〜2分で失礼します。先日なんですが……」

この言い回しだと、なんと、**9割以上の人**が話を聞いてくださいました。

そうやって、話し始めて相手がノッてきて、4時間しゃべったこともあります。

最大のポイントは、「では、1～2分で失礼します。先日なんですが……」と、**すぐに本題に入ってしまう**こと。

「では、1～2分よろしいですか?」はダメです。

これをすると、「いや、1～2分もない」と言われてしまいます。

ところが「では、1～2分で失礼します。先日なんですが……」と間髪をいれずに話しはじめると、ほとんどの人は話を聞いてくれます。

アポ取りは「クローズドクエスチョン」で！

今度は、電話で営業して、「それじゃ、今度、直接お会いしましょう」という「アポ取り」の段階で使えるテクニックについてです。

ご存知の方も多いと思いますが、「質問」には、**「オープンクエスチョン」**と**「クローズドクエスチョン」**という2種類があります。

オープンクエスチョンは呼び名の通りオープンで、答えの幅が限定されません。

対するクローズドクエスチョンは、イエスｏｒノーとか、三者択一など、答えの幅が限定される質問のこと。

例を挙げれば、「今日のお昼、何食べる?」はオープンクエスチョン。「今日のお昼、カレーとラーメン、どっち食べる?」はクローズドクエスチョンですね。

結論から言います。

「アポ取り」では、絶対に「クローズドクエスチョン」を使ってください!

「オープンクエスチョン」は絶対NG!

もう、**「アポ取りのときに、オープンクエスチョンはダサい」**と、頭のなかに叩き込んでいただきたい。

アポ取りでオープンクエスチョンを使うと、次のような会話になりがちです。

×NG

「では今度、直接にお話をさせていただきます。いつがよろしいですか?」

「え? そうですねぇ……うーんと、また電話します」

相手から電話がかかってくることは、まずありません。

これ、もう最悪です。

相手が「会ってもいいかな……」という気になっているのに、「いつがよろしいですか？」と、こっちから迷いの種を提供してしまっています。

オープンクエスチョンで聞くと、相手は「いつ会うか？」から「会うか、会わないか？」というように考えるポイントがスライドしてしまうんです。

一方、クローズドクエスチョンならこうなります。

○OK

「土日と平日でしたら、どちらがよろしいですか？」

「土曜日かな」

「今週の土曜と来週の土曜だったらどちらがご都合よろしいですか？」

「じゃあ来週で」

「では、来週の土曜の午前中と午後でしたら、どちらがいいですか？」

「3時くらいなら」

「わかりました、では、来週土曜日の3時にお待ちしております」

いかがですか？　アポ取りのときは、「今週と来週」とか「午前と午後」とか、必ず2枚に切ってください。

さらに、これが上手になってくると、「いつでも会える人」にならずに、自分に「希少性」を生み出せるクローズドクエスチョンができるようになります。

○OK

「土曜日と日曜日でしたら、どちらがいいですか？　ちなみに、土曜日は午前中がすでに埋まっているものですから、土曜日の午後か日曜日の午前中だったらどちらがよろしいでしょうか？」

こういう形にしていくと、さらに効果的なわけです。

最後にもう1度。

「アポ取りのときに、オープンクエスチョンはダサい！」

ぜひ、忘れないでください。

クローズドクエスチョンでリズムをつくる

浅川流「セールスの9ステップ」のうち、「アプローチ」の会話のやり取りについてのテクニックと注意点を続けます。

アプローチでは、最初に「クローズドクエスチョン」でリズムを作るというテクニックを覚えておいてください。

人は、会話がポン、ポン、ポーンと続く相手に対して「気が合う」と認識します。イメージではテニスとか卓球ですね。ラリーが続くと楽しいですが、相手がこっちに1球も返してこなかったら面白くもなんともありません。

会話も一緒。質問→答え→質問→答えというラリーが大切。ですから、答えやすい質問をしてくれる人のことを、人は無意識に「私、この人とリズムが合う」「この人は感じのいい人だ」と解釈します。

ですから、**アプローチの段階では、相手が回答しやすいクローズドクエスチョンでリズムを作る**ことが大事なのです。

ただし、注意点が2つあります。

注意点の1つ目は、いくらリズムがいいからといって、**クローズドクエスチョンを続けすぎると、尋問になってしまう**可能性があるということです。

私自身、かつて、電話営業のアプローチでクローズドクエスチョンを連発していたら、相手が怒ってしまい電話を切られたことがありました。おかしいなと思って電話の録音を聞いてみたら、もう、完全に尋問でした。

×NG

「お仕事っていうのは、営業系ですか？　事務系ですか？」

「営業系です」

「営業系ですか。個人向けですか？　法人向けですか？」

「主に個人向けですね」

「そうなんですね。えっと、固定給ですか？　歩合給ですか？」

「完全歩合給です」

「そうなんですか。都内の方ですか？　地方の方ですか？」

「都内だけど……」


初めて電話で話す相手が、こんな会話をしてきたらウンザリですよね。

注意点の2つ目は、**質問を横に広げない**ということです。

今の会話例に出た、「営業系か？　事務系か？」「個人向けか？　法人向けか？」「固定給か？　歩合給か？」「都内か？　地方か？」という質問は、「都内にいる歩合給の営業マン」なら、お客様になる可能性が高いので、まだ、聞く理由があります。

でも、「大学はどちらですか？」「何人きょうだいですか？」なんて、**いたずらに質問の幅を横に広げるのは時間のムダ。**自分が欲しい答えにダイレクトに導く質問を、ガンガンと縦に掘り進んでいってください。

では、どうすればクローズドクエスチョンを連発しても尋問に聞こえないようになるかというテクニックをご紹介しましょう。

人間の深層心理にある「3匹のタイ」を意識する。

あなたの心のなかにもいる3匹のタイ。それは、ズバリ、**「褒められタイ」「認められタイ」「お役に立ちタイ」**。この3つを意識しながら聞くと、クローズドクエスチョンを連発されても、相手は気分を害しません。

実はこれ、順番も大切で、自分を「褒めて」「認めて」くれる人に対して、人は初めて「お役に立ちタイ」と感じる。

褒められて、認められて、「じゃあ、あなたの話、聞いてもいいよ」「私の悩みを教えてあげてもいいよ」となるというわけですね。

この部分については、次項で詳しく説明します。

浅川流「アプローチ質問の公式」

前の項でお話をした、アプローチトークの順番と注意点を踏まえたものが、**浅川流「アプローチ質問の公式」**です。

公式の基本は、**「クローズドクエスチョン」→「褒める、認める、共感する！」→「クローズドクエスチョン」→「褒める、認める、共感する！」の繰り返し。**

そして、**リズムが出てきたところで、本質をつくオープンクエスチョン！**

この公式の通りにやっていただければ、尋問にはなりませんし、相手に「誘導されている」という思いを抱かせません。

会話は始まりが大事！
【信頼関係を築くアプローチ質問の公式】

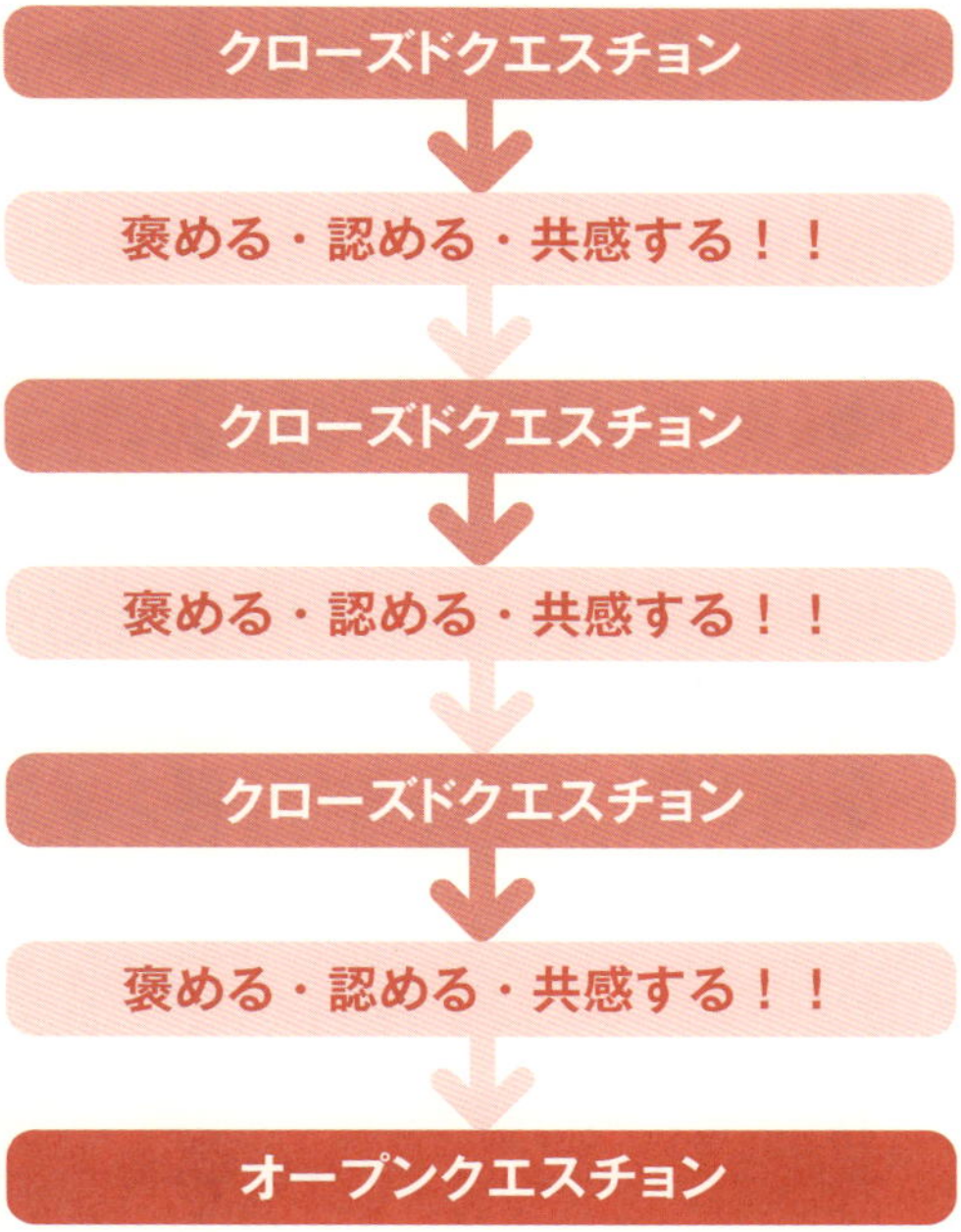

人は、相手の質問テクニックがうますぎると、「あっ、こいつ、自分を誘導しようとしている」と警戒します。

そして、警戒した途端、「いや、自分はそうは思わないですけどね」と天邪鬼的な回答をするものです。

でも、公式のように、**クローズドクエスチョンの間に「褒める、認める、共感する！」をサンドイッチ**していくと、そうならないのです。

この公式の通りの会話例です。

○OK

「ああ、どうも初めまして。浅川といいます」

「○○です」

「よろしくお願いします。あの、**お仕事って営業系ですか？　事務系ですか？**」

「はい、営業系なんです」

「ああ、営業系。やっぱり出てますよね、何かエネルギー。お会いした瞬間、エネルギッシュな方だなあと思ったんですけど。**すごく人を引きつけるものがありますよね。ちなみに、個人向けの営業なんですか？ それとも法人向けなんですか？**」

「主に個人向けですね」

「主に個人向けなんですね。となると、あれですよね？ ご決済の時間って結構早めですよね？ 法人ですと1年かかっちゃったりとか、予算がないよって言われるとちょっと会話できないとか。個人の方だと、早ければ翌日とか？」

「そうですね」

「じゃあ、いろんなご人脈があるんでしょうね。ああ、そうですか。ちなみに、差し支えなければなんですけど、**固定給なんですか？ 歩合給なんですか？**」

「完全歩合給なんですよ」

「そうですか。そうなると、まあちょっとストレスに感じる場面もあるかもしれませんけど、でも、やればやった分だけ」

「そうですね」

「**やりがいはありますよね。**そうなんですね。特に自分の給料を自分で決められるなんてね。今は、逆に言うといい職種かもしれないですね」

「そうですね」

「相当うまくいってるんじゃないですか？　いやあ、素晴らしい。ちなみに、**都内にお住まいですか？　それともどこか他の地域ですか？**」

「都内です」

「都内にお住まいなんですね。そうなんですか。ちなみに、**今のお仕事はどんな夢を持たれてやられているんですか？**」

「そうですね、やっぱり生涯現役でやりたいですね」

「うわ、**カッコいいですねえ。見習いたいです**」

いかがですか？

間に、「褒める、認める、共感する！」をサンドイッチすると誘導されている感じがなくなること、わかっていただけますでしょうか？

そして、リズムが出たところで、**最後の「今のお仕事はどんな夢を持たれてやられているんですか？」がオープンクエスチョン**でした。

あなたもぜひ、繰り返し使ってみて、この公式を血肉にしてください。

褒めパターンの増やし方

前の項で、質問と質問の間に「褒める、認める、共感する！」をサンドイッチするというお話をしました。
ただ、これを繰り返しているうちに、だんだん何を言っていいのかわからなくなってしまうかもしれません。実は、私も昔、褒めるパターンというか、ボキャブラリーがなくなってしまって、相手が何を言っても、「素晴らしいですね」ばっかりで終わっていた時期がありました。

この**「褒めパターンを増やすコツ」**は、**「細分化」**です。

たとえば、「素敵な見た目ですね」と褒めても、ぼんやりしていて、なかなか伝わりません。

これが「綺麗な黒髪ですね」「肩幅がすごくガッシリしていますね。何かスポーツをされていたんですか?」と、細分化して「部分」を褒めると伝わります。

「プロ野球のファンです」よりも、「大谷翔平のファンです」と言った方が、グッと具体的になって、次のトークにつながりやすい。それと一緒で、褒めるときも細分化すると、具体的に伝わります。

では、▼**褒めポイント1**の**見た目**の他には、何を褒めれば良いのでしょう。

使える「褒めポイント」をあと5つ紹介しましょう。

▼褒めポイント2　声のトーン

私、営業職時代に、声のトーンを褒めただけで契約まで進んだことがあります。**すごく低い声のお客様に、**「ものすごく説得力のある声ですね。リーダーの方ですか?」と言ったんです。そうしたらその方、「何で分かるんですか?」と。「私は毎日こうやっていろんな方に電話をしているので、声のトーンで会社のポストとかリーダーとかっていうのが、だいたい見えてくるんです」と言ったら、その方「へー。市議会議員をやってるよ」と。その後、とてもよいお客様になってくださいました。

▼褒めポイント3　その人がしゃべる言葉

たとえば、「本当に哲学者のような言葉を使われますね。どんな本を読んでいらっしゃるんですか？」「すごくセンスの良い言葉を使われますね」とかですね。

▼褒めポイント4　人脈

特に男性はこの人脈を褒められるのが大好きです。「○○さんは、素晴らしい方たちとお知り合いなんですね、顔が広いですね」**と褒められて喜ばない男性はいないと思います。**

▼褒めポイント5　生き様

実はこれ、**経営者やリーダーの方を褒めるときに有効**です。「成功されていますね」

と褒めるより、「今までに、いろいろなことがあったんじゃないですか？」と言った方が喜ばれます。**成功者にとって、過去の失敗談は自慢話ですから。**

「ここまで来られるのには、いろいろな物語があったんじゃないですか？」と投げかけると、ニッて微笑んで「君、分かる？」と言ってきたりします。

▼褒めポイント6　信念

信念とは、**仕事観とか人生観**ですね。「すごく仕事に真正面からぶつかって、妥協を許さない方なんじゃないですか？」とかです。

以上の6パターンを意識し、細分化して褒めてみてください。

あと、総じて、**女性は目に見えるものを、男性は目に見えないものを褒めると喜ぶ**と思っていただいてよいと思います。

裏ワザみたいなものですが、**本人ではなくその人のご親族や、周りの大切な人を褒める**というのも、私はよくやります。

「その素晴らしいお考えは、ご両親から学ばれたんですか？」とか。

「しっかりした考えを持ったお子さんですね」なんて、相手の話の中に出てきた親族だって褒めることはできますよね。

言うまでもありませんが、**人は親族について褒められると嬉しいもの。**

たとえ相手が「うちの息子、クラブ活動ばっかりで、いつ勉強しているのやら」なんて言ってきても、「テストの点も、さぞ、ひどいんでしょうね」なんて言ったらぶっ飛ばされます。そこは、同意せずに、「クラブ活動で大切なことをたくさん学ばれているんでしょうね」なんて言うと、「そうなんだよ、実は息子が県大会に出場してね……」というような話になるものです。

最後に、逆に**相手が自分を褒めてきたときの注意点。**

お客様の方から褒めてきたとき、日本人は、つい謙遜して、「そんなことぜんぜんないです」と否定してしまいがちです。

でも、それはやめた方がいいです。なぜかというと、そう思った相手の見立てを否定して、**「あなたは見る目がない」と言っているようなもの**ですから。

世の中は、感謝の送り手と受け取り手が1対1の関係で成り立っているので、**相手が与えてきたら、ちゃんと受け取ってあげる**方がいいのです。

素直に受け止めて、「ありがとうございます!」でいいんです。

ということで、褒めるボキャブラリーを増やして、どんどん使っていただければと思います。

相手は気分が良くなって意外な自己を開示してくれます。

ここまでお読みになって、いかがでしたか?

どのようにお客様と接触し、相手に良い印象を与える、という方法がわかっていただけましたでしょうか?

次の第2章では、まず相手のニーズを発見する方法について説明していきます。

第1章 Point

①お客様からの信頼を勝ち得る人が勝つ時代！
瞬時に信頼関係を構築する秘訣は主に2つ。
「自分の失敗や逆境を自己紹介で語ること」と「過去を共有すること」！

②話し上手は聴き方上手。
また会いたいと思われる4つのコツが、会話術の基本！

③アポ取りの際、オープンクエスチョンは絶対タブー!!
必ず2枚に切って進めること！

④会話は始まりが大事！
浅川流アプローチ質問の公式で信頼を築こう！

⑤相手を褒めるときには細分化にこだわる！
6つのパターンを意識しよう！

第2章

お客様のニーズを発見し、それを組み立てる「ディスカバリング」と「ビルディング」
――ステップ2〜ステップ3

相手のニーズを引き出す質問テクニック

ここからは「相手のニーズを引き出す質問テクニック」、「ディスカバリング」の部分です。

復習ですがニーズとは、相手の「問題と願望」のことです。

ですから、「相手のニーズを引き出す質問テクニック」とは、「何を質問すれば、相手が自分の問題、悩み、不満、自分の足りないところを言ってくださるか？」ということです。

ズバリ、結論から言います。

褒めることです。

驚きましたか？　不思議なことに、褒めるだけで、聞いてもいないのに、相手は自分の問題、悩み、不満について教えてくれるんです。

たとえば。

初対面の相手からいきなり、「何か、疲れが溜まってそうですね、大丈夫ですか？」と言われたらどうでしょう？

「ほっといて」と思いますよね。

ところが逆に、「何かエネルギッシュですね。もう疲れ知らず、休みもいらないくらい働けそうですね」と褒められると、「でも、結構、疲れてるんですよ」となる。

会っていきなり「いやー、あなたお肌が荒れてるねぇ」と言ったら、キッてにらまれちゃいます。

それが、「すごくきめ細かいお肌をされていますね」と言うと、「ありがとうございます。でも最近は……」となる。

人間は褒められると、悩みを言う生き物なんです。

ですから、相手のニーズを知りたければ褒めてあげればいい。

もちろん、闇雲に褒めるだけではいけません。もし、「部下の教育について悩んでいる」というニーズが知りたいなら、その部分について褒めます。

「○○さんみたいな方が上司だと、部下の皆さんも力をいかんなく発揮されているのでしょうね」なんて褒める。すると、「いや、なかなか成長してくれなくて……」なんて言ってきてくれます。

何が言いたいかというと、**「自分が相手から引き出したいニーズから逆算して、その部分を褒めるようにする」**ということです。

「何かすごく統率のとれた組織ですね」とか「モチベーションが枯渇することなんかないんでしょうね」とか。

そう言って、「いや、そんなことないよ」という種を発掘するのですね。

もう1つ、相手のニーズを引き出す「**よねの法則**」というテクニックをお教えします。

質問は、**「語尾に力が宿る」**ということで、私はよく、**質問の語尾を「○○ですか？」ではなく、「○○ですよね？」と言う**ようにしています。

「成功したいんですか？」ではなく、「成功したいんですよね？」

「今日、宿題やってきましたか？」ではなく、「今日、宿題やってきましたよね？」

語尾の違いで、相手の背中を押す効果が上がること、わかっていただけます**よね？**

この「よねの法則」、とても有効ですので、ぜひ使ってみてください。

この「相手のニーズを引き出す質問テクニック」で相手のニーズの発掘に成功したら、今度は「ビルディング」を行なっていきます。

スイッチングレーンのための5つの枕詞《まくらことば》

ここで「ビルディング」の説明をする前に、営業をする上でとても大切な、**相手に対しての「一貫性」を生み出す、「スイッチングレーンのための5つの枕詞《まくらことば》」というテクニック**についてご紹介したいと思います。

相手との関係性には、「友人・知人」と「ビジネスパーソン」という2種類の関係性があると私は思っています。いわば「友人・知人レーン」と「ビジネスパーソンレーン」という2つのレーンがあります。

営業活動では、この**2つのレーンを明確に意識**してほしいのです。

決して「友人・知人にモノを売ってはいけない」と言っているのではありません。むしろ、本当に相手の役に立つモノなら、大切な友人にこそ教えてあげてほしい。よく、家族や友人には営業活動しないという方がいますが、私は逆だと思っています。人はタダで手に入れたものより、お金を払ったものの方が、「元を取ろう」としますから、良いモノを本当に使ってほしいのなら、友人だろうが親戚だろうがお金を取って買っていただく方がいい。

ただ、ここで注意していただきたいのが**「一貫性を保つ」**ということなのです。

考えてみてください。学生時代の友人からメッセージが来て、「あー、懐かしい」となって、居酒屋で再会したとします。で、トイレに行って席に戻ったら、テーブルに資料が置いてあって、「私ねー、お水売ってんだわ」と言われたらドン引きしますよね。「え？　このために呼んだの？」と思うでしょう。

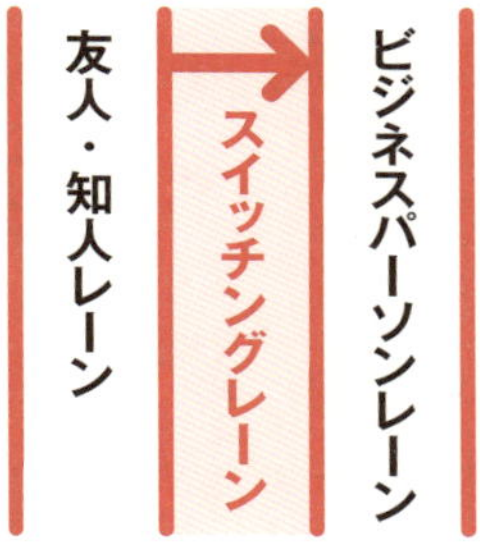

どこが悪いのかというと、友だちレーンとビジネスレーンの切り替えがなくて、一貫性が保たれていないんです。

売り込むなら、ちゃんと、友だちのレーンからグッとビジネスのレーンに切り替えてからにしないといけない。
それを私は**「スイッチングレーン」**と呼んでいます。この言葉を、私、電車の先頭車両に乗っていたとき、線路が切り替わった瞬間に思いついて、「これだ！」と思いました。

では、ここで、この**「友だちレーン」から「ビジネスレーン」にスイッチングしたいときに使える「スイッチングレーンのための枕詞」**をご紹介しましょう。

▼スイッチングレーンの枕詞1

「今、話を聞いていて、ちょっと役に立てそうな気がしたんだけど」

雑談モードから、「ちょっと仕事の話をしていい？」という宣言ですね。

▼スイッチングレーンの枕詞2

「もしかしたら、○○さんが抱える問題を、私がやっていることで解決できそうな気がしたんだけど」

こう言ってから話して、「今日は資料とか持ってきてないから、興味があったら、もっと詳しく話すけど、どうする？」「じゃあ、今度話を聞かせて」「わかった、じゃあ今度ね。ところでさ、○○クラスの○○くん、あれおかしかったよね～」と友だちレーンに戻ればいいのです。

▼スイッチングレーンの枕詞3

「ちょっと仕事の話になっちゃってもいいかな？」

これも、「これからビジネスレーンに入りますけどいいですか？」というお断りですね。

以上3つが「友だちレーン」から「ビジネスレーン」にスイッチングしたいときの枕詞です。もちろん、こう切り出して、「いやいや、そういう話は今日はやめよう」と言われたら、「あ、ごめんね」と友だちレーンに戻ります。

続いて、**営業の最中に相手を真剣モードにスイッチングしたいときの枕詞。**

▼スイッチングレーンの枕詞4

「少し厳しいことを言ってもいいですか？」

営業はドクターだとお話をしましたね。ドクターは患者さんのためなら、厳しいことを言わなきゃならないこともありますから、**こう言って、相手の覚悟を促す。**

これ、私はコンサルタントとしてよく使います。「社長、先ほどの会議のシーンを拝見していて、コンサルタントとしてちょっと感じたことがあるんです。少し厳しいことを言うかもしれませんが、お話しさせていただいてもよろしいですか？」と前置きすると、厳しい意見を言っても、相手の社長はカチンときません。

▼スイッチングレーンの枕詞5

「ここだけは忘れないでほしいんですけど」

学校で先生が、「いいかー、ここテストに出るぞー」と言うと、それまで眠そうにしていた生徒たちがシャキーンとしますよね。あれと一緒。講座やプレゼンテーションでこう言うと、参加者の耳がピーンと立ちます。

以上が「スイッチングレーン」に使える「オススメの枕詞」5つでした。

これを言うことで、あなたの一貫性を保つだけでなく、**相手にも一貫性が働きます。**「仕事の話をしていい？」「いいよ」と言ったのに怒ったらおかしいですからね。

余談ですが、私は自分の講座の冒頭でこの「スイッチングレーン」のための枕詞を使っています。最初に、「今から講座をやりますが、休憩をはさんだ後半、皆さんに私の集大成のプログラムの売り込みをします」と宣言するんです。

実は、これが枕詞。このひと言を入れないで、情報提供を主とした比較的安価な講座を終えて、いきなり売り込みを始めたら、たぶん、「おいおいおい、結局それかよ」となります。

それに、最初にそう宣言することで、お客様に、「おお、そうか。そこまで言うなら聞いてやろうじゃないか」と、真剣に向き合っていただきたいからです。ですから、「正直、安くはないので、そんな額は出せないという方は、休憩時間の間に帰っていただいても構いません」と、そこまで言っています。

相手を真剣にさせる「スイッチングレーン」、これはクロージングの場面でも**「ここは重要だから聞いておいてください」**と使っていただきたいと思います。

人がモノを買うときの心の動き、4つのゾーン

「ビルディング」の説明の前に、もうひとつ、次ページの図をご覧ください。図は、私たちがモノを買うときの2つのベクトル、「必要性」と「欲求」の関係を座標であらわしたものです。当たり前ですが、「必要性」が高くて「欲求」も高いDゾーンにいる人が一番買ってくださいます。でも、**たいていのお客様はBゾーンかCゾーンにいます。**「必要性」も「欲求」も高くないAゾーンの人は買いませんので横に置いておきましょう。

傾向的に、教育関係、健康系、保険業界、それらがターゲットにするお客様はBゾーンに属すると思います。つまり、**必要性は高いけど、別に今じゃなくていい。**

しかし、たとえば「保険」は、その人が本当に欲しくなったときは手遅れだったりします。「この前、健康診断ですごい異常値が出ちゃって、保険に入りたいんだけど」と言っても、もう入れません。欲しいときはもうダメなとき。ということは、何が大事かというと、**「今、買うことの意味」を教えてさしあげる必要**があります。ちなみに、「欲求」が高くて「必要性」が低いCゾーンは、楽器やフィギュア、バイクなどの趣味や、あとは美容系、高級車、高級時計、持ち家、ブランド品などですね。

購買行動までの心理的動き
A ⇒ B(C) ⇒ D理論

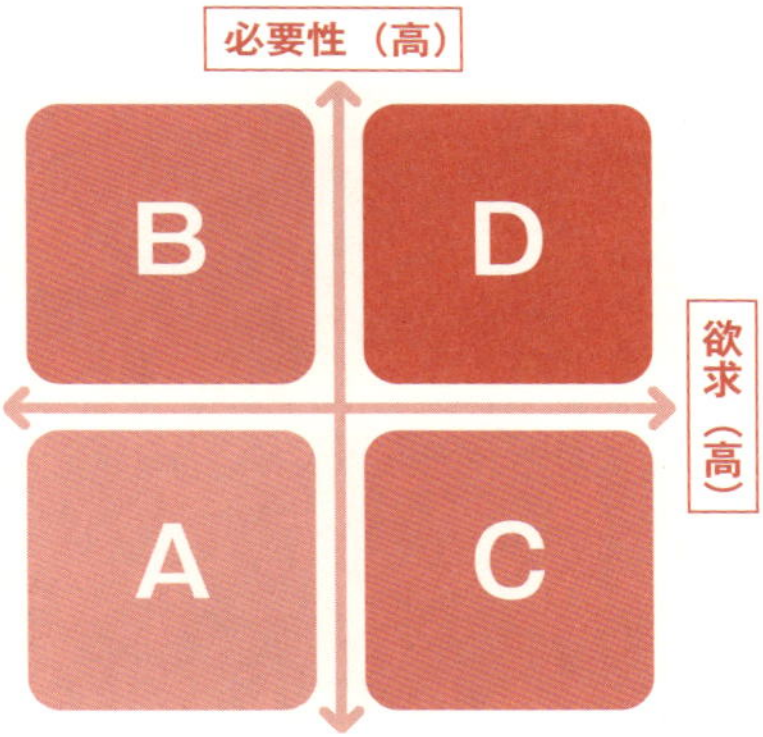

いずれにしても、**営業の使命は、「Bゾーン、Cゾーンにいる人をいかにDゾーンにお連れするか」**ということになります。セールスのステップで言えば、「アプローチ」「ディスカバリング」の次の段階です。**発見したニーズを広げて、お客様をDゾーンにお連れするのが「ビルディング」**です。

いよいよこの「ビルディング」に使えるテクニックについて説明します。

示唆質問で未来を見せる

相手のニーズを広げてDゾーンにお連れするのが「ビルディング」です。

そこで使うテクニックは大きく2つ。1つは**「第三者引用」**(これは後ほど説明します)。そしてもう1つが、これから説明する、相手の感情を大きく揺さぶる**「示唆質問」**です。

営業のプレゼンテーションというのは、お買い上げいただいた場合の「喜び」「快楽」と買っていただけなかった場合の「恐怖」「痛み」をグワーッと見せていくことが大切です。「ビルディング」によって、この幅が大きくなればなるほど、単価が大きくなると思ってください。

そのためのテクニック、**「示唆質問」では、主にオープンクエスチョンを使い**ます。

たとえば、**「これを改善したら、将来どうなりそうですか?」「このままいったらどうなりますか?」**など、人生全体を俯瞰させる質問をするのです。

「喜び」と「恐怖」を、具体的なシーンで描いてみせるのがポイントです。

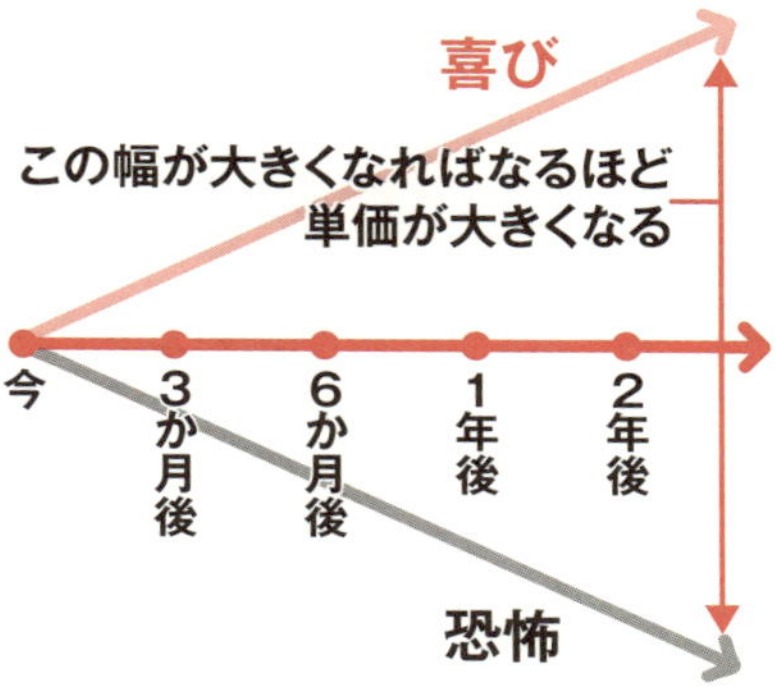

ちなみに、人間は、「損失回避バイアス」といって、**失うものやこぼれ落ちるものに対する「恐怖」を、「喜び」の2倍も大きく感じる**のだそうです。つまり、お客様は、「得られるもの」よりも「失うもの」をリアルにイメージしたときに、よりモノを買ってくださる。

というより、高額商品はこの「示唆質問」を使わないと、なかなか売れません。

実は、私が電話営業で成功できた理由は、この「示唆質問」が、ものすごくうまかったからなんです。

ではここで、営業職のお客様に、「私の講座」を販売するときの会話を例にしてみましょう。お客様が少し興味を持ちはじめている段階で、**いかに「示唆質問」で、相手の心を揺さぶってDゾーンにお連れしているか**を注意しながらどうぞ（会話は実際の講座で行なったロールプレーのものです）。

○OK

「○○さん。今回、会話術講座の話をさせていただきましたけど、やってみたいなーと思っていただけましたか？」

「やりたいな、とは思いましたが……」

「あ、嬉しいです。ありがとうございます。ちなみに、何でやってみたいと思っていただけたんですか？」

「聞いたら将来が明るくなるかな、と」

「お仕事は営業でコミッション制ということは、売り上げに比例してお給料が上がるとか？」

「そうですね」

「じゃあ、これに取り組んだら、きっと将来、自分にいいことが起こりそうだなという、そういうイメージですね？ かしこまりました。ちょっと一緒に考えてみたいと思うんですけど、たとえば◯◯さん、今回こういった体系的なプログラムを学ばれて、自分がなぜ売れているのかが明確に分かったとしたら、日々の営業活動における確信度ってどうでしょう？」

「上がるでしょうね」

「上がりますよね。ありがとうございます。では、日々、何をして売れるのかという確信度が高まったら、メンタルのブレって高まりそうですか？ それともある程度安定しそうですか？」

「安定すると思います」

「安定しそうですよね。では、メンタルが安定したら、お客様へ伝えるときの確信度ってどうでしょう？」

「高くなります」

「高くなりますよね。では、高くなったら、伝わる可能性ってどうでしょうか？」

「上がると思います」

「すると、契約を取れる可能性ってどうですか？」

「上がると思います」

「上がりますね。じゃ、契約が上がったとしたら、収入っていうのはどうでしょう？」

「上がると思います」

「うわ、羨ましいですねぇ。ちなみに、2倍って可能性もあるんですか？」

「あると思います」

「あ、素晴らしい。3倍ってどうでしょう？」

「できる……かもしれない……」

「うわうわ、素晴らしい！　では、3倍の売り上げ数字、お給料、言わなくていいので頭に思い浮かべてください。どうでしょう？　休日、何しますか？」

「日本にいないかも」

「日本にいない！　いいですねぇ。海外に行かれると、その横にいるのは誰ですか？」

「家族かな」

「ちなみに、奥様を連れてどこへ行きますか？」

「ヨーロッパとか」

「ヨーロッパ、いいじゃないですか。じゃ、奥様とヨーロッパ旅行をするときに、3

倍のお給料があったら、使うお金のことを考えますか？　それともやりたいことを考えますか？」

「やりたいことを考えます」

「いいですねぇ。ちなみに、何をやってみたいですか？　美術館めぐり？　いいですね。じゃ、そんな旦那様への奥様からの評価ってどうですか？」

「上がるでしょうね」

「上がりますねぇ。家族円満。仲がいいですよ。心の安定ってどうでしょう？」

「もう至福の喜びですね」

「至福の喜び！　自分への評価ってどうでしょう？」

「最高です」

「そのリフレッシュした状態で、また仕事に戻ったら、仕事の成果ってどうですか？」

「上がると思う」

「上がりそうですね。さあ、世界は何色に見えますか？」

「もうバラ色です」

「バラ色ですね！　ありがとうございます。素晴らしい！　じゃあ、逆に、なぜ売れるのか自分でもよく分からないので、いつ、また売れなくなるかわからない。さあ、そんな日々の生活をしていて、メンタルの安定度ってどうでしょう？」

「不安定」

「不安定ですね。不安定だと、ちょっと数字がついてこないと自分に対してどういう気持ちが起こりますか？」

「自分を責めます」

「自分を責めますね。自分を責めた状態で、数字が上がらない。上司からの評価ってどうでしょう？」

「下がります」

「下がりますね。そうすると、部下とか後輩の数字って気になりませんか？　どうでしょう、抜かれちゃったりしたら」

「もう居場所がないです」

「後輩から、今まで『○○さん』と呼ばれていたのに、『○○くん』とかって言われたら？」

「切ないです……」

「切ないですね。そんな状態で家に帰ります。奥様から『仕事どう？』と言われて、気持ちはどうですか?」

「たぶん、帰るころには電気ついてないと思います」

「電気ついてない! 収入はどうですか?」

「もう、底ですね」

「おかずの数とかどうですか? 減っちゃう可能性ありませんか? どうでしょう、世界は何色に見えますか?」

「暗黒です」

「ありゃー、キツイですね。という意味では、◯◯さん、何をしたらいいんですか?」

「浅川さんがオススメする講座を受けてみようかと思います」

「ありがとうございます!」


これが「示唆質問」。**購入したあとの喜びと、購入しなかったときの恐怖を会話でイメージさせて、人生全体を俯瞰させせた**んですね。

示唆質問の効果を高める「人生の輪」

お客様をDゾーンにお連れする「示唆質問」。

人生全体を俯瞰させたと言いましたが、実は、質問によって、次ページの図のような、**「人生の輪」**を見せていたんです。

この図にある要素について、仕事→「仕事の質が変わったら？」、人間関係（家庭）→「奥様からの評価はどうですか？」、健康→「メンタル面はどうなりますか？」、時間（趣味）→「休日はどう過ごしますか？」、財政→「収入ってどうですか？」というように、**人生についてのいろいろなことを質問していく**んです。

示唆質問を効果的にする最強ツール
人生を構成する「人生の輪」

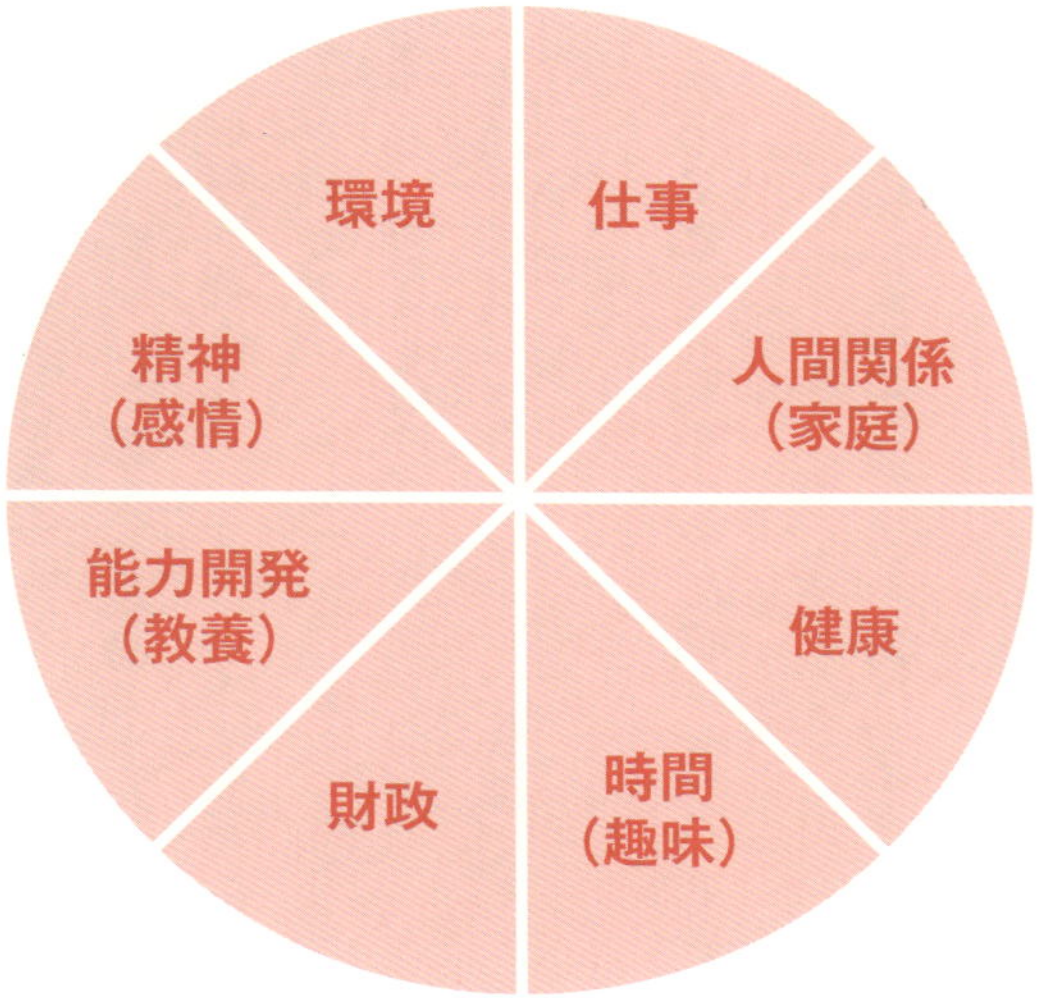

そうすると、どうなりますか？

「人間の脳みそは必ず質問に答えてしまう」のです。

「収入が3倍になって、ヨーロッパへ旅行、最高ですね」という返答を引き出す質問をすると、ヨーロッパの映像が浮かんでしまうのが人間の脳。

「収入が減って、おかずの数が減っちゃう可能性ありませんか？」と言われると、さびしいおかずが目に浮かぶ。めざしだけ、とかリアルに。

恐怖で言えば、部下や後輩に追い抜かれるって、結構リアリティがありますよね。

「示唆質問」は、そういうことを、相手の脳に描かせていく質問です。

売れない人がやってしまいがちな失敗は、この「示唆質問」をしないで、「説明」をしてしまうことです。

これは絶対タブーです！

「○○さん、この講座を受けて、自分の売り上げがどうして上がるかが分かるようになると、メンタルが安定するんですよ。で、メンタルが安定してくると、日々の活動に自信をもてます。すると、お客様に対して確信をもって話せるから、売り上げが増える。そうすると、お給料が2倍とか3倍になって、奥様とヨーロッパ旅行とか行っちゃえます。奥様からの評価もすごく上がって、世界はバラ色です。でも、逆にプログラムをやらないで、自分がどうして売れるかよく分からないと、何かイライラして、ソワソワして、部下にも抜かれてしまう。そして、家に帰ると奥様から小言を言われて家族が崩壊、もう真っ暗闇の世界ですね」

いかがですか？

「大きなお世話だ、バカヤロー」ですよね。

途中からは、聞きたくもないのではないでしょうか。

ここがポイントです。

普通なら聞きたくもない将来への不安も、質問することで相手にイメージさせることができる。

これが「示唆質問」です。

この「示唆質問」をやるとき、トレーニングになる思考法が、

「そうすると連想法」です。

そうすると連想法

契約する	契約しない
↓	↓
○○になる	○○になる
↓	↓
○○になる	○○になる
↓	↓
○○になる	○○になる
↓	↓
○○になる	○○になる
↓	↓
素晴らしい未来！！	最悪の未来…

「そうすると、どうなりますか？」と質問をつないでいく。

これは、妄想バリバリで構いません。

ちなみに、**営業は、妄想力が強い人が有利**なんです。

ちなみに、この**妄想力を鍛えるには、小説を読むのが有効**です。

小説は、映画などと違って映像がない。

文字情報だけですから、空想、妄想が広がるんです。

「これを映画化したら、主人公は誰にしようかな？」「どうして主人公は、こう

言ったんだろう？」「父親との関係ってどうなのかな？」なんて、想像しながら読む。

電車のなかでも、「自分が扱う商品をこの人に売ったらどうなるかな？」と、どんどん妄想を広げて、妄想力を鍛えてください。


加えてもう1つ。**「自分のお客様になっている世代」の人たちが読んでいる本や雑誌**を読んでください。

メインターゲットのお客様が20代だったら、その世代の人たちが読んでいる雑誌を読んでみる。異性がターゲットでも同様。

お勧めなのは、自分が普段読まない雑誌を美容院でオーダーしてみたり、コンビニで雑誌の表紙を見たりする。表紙を見るだけでも、「あっ、20代の女性には、こんなタレントや女優が人気なんだ」といったことが分かります。

そうやって、ターゲットの思考に近づいて、妄想の精度をアップさせるのです。

ということで、この「示唆質問」、妄想力をバリバリ鍛えて、営業の場面でぜひ使っていただきたいと思います。

YESを引き出す「ソクラテス式問答法」

ここでは、**どこのステージでも使える「ソクラテス式問答法」**というテクニックをご紹介しましょう。ソクラテスが使っていたかどうかは分かりませんが、すごく有名な質問の方法です。

簡単に言うと、**相手に「イエス」と言ってもらいたいときは、その前に何度も「イエス」と言わせていると、最後にも「イエス」と言いやすくなる**というもの。

法廷ドラマや刑事ドラマの裁判シーンで、「あなたは、死んだ○○さんと高校の同級生でしたよね？」「最近、同窓会で久しぶりに会ったらしいじゃないですか？」「そのときに、何か嫌なことでも言われたんじゃないですか？」「あなたがやったんですよね？」と、被告人が詰め寄られているシーンを見たことがありませんか？

「イエス」と答える質問を重ねて、最後に核心をついた質問をしていますよね。

実は、以前に弁護士の先生に、「これ、本当の法廷でも使いますか？」と聞いたら「使いますよ」とおっしゃっていました。それどころか、向こうが使ってきたら「異議あり！」と言って止めるそうです。

この「ソクラテス式問答法」、それくらい強力なテクニックなんです。

このテクニックを使うときは、**まず、ほとんど誰もが高確率で、「イエス」と言ってしまう質問を繰り返して、リズムを作ります。その流れのまま、最終的に「イエス」が欲しい質問を投げかける**のです。

セオリーとしては、**6回連続で「イエス」**を取ってください。

「ほとんど誰もが高確率で、イエスと言ってしまう質問」とは、たとえば、次のような質問です。

「今よりも、仕事で成果を生み出したいとは思いますよね？」

「その成果が、収入に結びついたら、もちろんいいですよね？」

「収入と成果が結びついている今の環境って、やりがいがありますよね？」

「成果を上げるためには、今までとは違うやり方を取り入れる必要性を、感じられているわけですよね？」

「成果を上げる能力を身につけるのは、もちろん早い方がいいですよね？」


こうした質問を重ねて、最後は「それが、今なんじゃないですか？」と投げかけます。

そして、このテクニック、実は次章で詳しく触れる「クロージング」のときに、特に効果を発揮します。住宅販売の会話例で使ってみましょう。

○OK

「最初におっしゃっていたように、徒歩圏内っていうことは間違いないですよね？」

「間違いないですね」

「3LDKってことをおっしゃっていましたけど、これも間違いないですよね？」

「間違いないですね」

「ご予算は3000万円程度って、これも、間違いないですよね？」

「間違いないですね」

「お子さんが通学しやすいように、道は明るい方がいいと、その点も問題なさそうですね？」

「そうですね」

「同じ物件、同じようなものを探すのって、たいへんそうじゃないですか？」

「たいへんだと思います」

「ですよね。ありがとうございます。そうすると他から選ぶよりも、こちらで決めていただいた方がいいんじゃないですか？」

「そうかもしれませんね」

いかがですか？

次章では、いよいよ、クロージングのテクニックについてお話をしていきますね。

第2章 Point

①相手のニーズを引き出すためには「褒める」こと。
人間は、褒められると悩みを言ってしまう！

②質問は、語尾に力が宿る！
「よねの法則」を駆使して相手の背中を押していこう！

③人は「一貫性」に価値を見出し信頼を寄せる。
プレゼンでは、スイッチングレーンを効果的に使おう！

④ビルディング（購買欲求を高める段階）では示唆質問で未来を見せる！
イメージする未来の「喜び」と「恐怖」の幅が、販売単価の幅！
「人生の輪」を駆使して、お客様にリアルな未来をお見せしよう！

⑤営業で大事なことは妄想力！
〝そうすると連想法〟で妄想をトレーニングしよう！

第3章

ここまでやれば、成約率100%も夢じゃない！「クロージング」

——ステップ4～ステップ9

「やってみたらいいんじゃないですか？」

ここからのテーマは、いよいよクロージングです。

いくら質問をして、ニーズを発掘して、ヤル気を引き出しても、クロージングしなくてはなんにもなりません。

ところが、これができない人が実に多い。断られるのが怖くて「やってみたらいいんじゃないですか？」のひと言がなかなか言えないんです。

クロージングをかけないと、着陸態勢に入れないで、ず～っと飛行場の上を旋回している飛行機のような状態になります。そのうち、燃料切れで墜落です。

営業は生もの。熟成させすぎると、気がついたときには腐ってしまいます。頃合いを見て、スパッと行かないと、それまでの話がただの「いい話」で終わってしまいます。

極端な話、クロージングをかけてみて、お客様が「いや、それは……」となったら、「少し、先走ってしまいましたね」と、それでいいんです。

ジグ・ジグラー曰く、「営業とは、感情の移動である」でしたね。「この人、買ってくれないだろうな」という自信のない感情は相手に移動してしまいます。

そもそも、**買う気がゼロなら、お客様はあなたと同じテーブルにはついていません。**

男性はブラジャーを売りに来た人と話しませんよね。

お客様は、「買おうかな、どうしようかな」と思っている。

実は、あなたに背中を押してもらいたがっているんです。

とにかく、ときが満ちたら、恐れずクロージングをかける。

これ、大切なことです。

ブライアン・トレーシーは**「営業とは熱意の移入である」**と言っています。

ぜひ、**「自分の提案はお客様のお役に立てるんだ」「この提案が相手の人生に圧倒的な影響を及ぼすんだ」**と、そんな熱意をもってクロージングをかけていただきたいと思います。

クロージングは「価値観の中和」

クロージングのテクニックのお話の前に、まず、クロージングの定義をしたいと思います。

もし、誰かから「浅川さん、クロージングって何ですか?」と聞かれたら、私はこう回答します。

「より良い未来へお導きするための情報提供。そして、価値観の中和」

最初の「より良い未来へお導きするための情報提供」はどなたでも頷かれると思い

ます。

でも、「価値観の中和」については「？・？・？」ですよね。

「価値観の中和」とは、「相手が、『これはこうだ』と思っていることを、『それって、実は、本当じゃないんですよね』と教えること」です。

たとえば、私はあるアイドルグループについて、「歌もダンスもヘタクソ」と思っていました。ところがあるとき、そのグループのファンの人からこんな話を聞いたんです。

「浅川さんは、デビュー当時の彼女たちしか見ていないでしょう。あれから、人気の停滞期があって、彼女たち、そのときに歌もダンスも猛特訓して、今は相当うまくなっていますよ」

もう、目の色を変えて私に熱弁するんですね。

そのファンの説明（＝営業）によって、私の中で、「そのグループ＝ヘタ」という価値観が中和されて、「そのグループ＝少しうまい」と**情報が書き換えられた**んですね。

これが**「価値観の中和」**です。

伝わりましたか？　もう1つの例です。

私は不動産会社さんのコンサルタントもさせていただいていて、その関係者の方にお聞きした話です。

私は、たとえば家を買うとしたら、物件を選ぶのに3か月くらいはかけるのが普通だと思っていました。私だけでなく、多くの方の常識もそうだと思います。

ところが、不動産の営業さんによると、「家選びの期間は4週間から6週間くらいが常識で、それ以上かけるともう目移りして選べなくなる」らしいのです。

ですから、不動産の営業さんは、4か月かけて物件選びをしようと思っているお客様に「家選びが成功する方のパターンとしては、6週間がひとつの目安です。そろそろ決めても良い時期ですね」と言うのだそうです。

不動産の営業さんが、お客様の「価値観の中和」をしているということですね。

私がかつて売っていたプログラムで言えば、「浅川さん、お金が貯まったらトレーニング受けます」と言う人に、「それ、痩せたらダイエット始めますと言っているようなものです」と言って「価値観の中和」を行なっていました。

「たとえ、世の中で常識になっていることが○○だとしても、実はそうじゃないんです」ということを専門家の見地で伝えるのが「価値観の中和」。

それが、相手の価値観を変えて、1歩を踏み出させる。

そういう意味では、

クロージングは「教育」にとても近いものと言えると思います。

「認知的不協和」を使った強力クロージング

ここで、いきなり必殺技級の強力なクロージングのワザを1つご紹介しましょう。

そのワザには、**「認知的不協和」**を使います。

たとえば、メルマガのタイトルに「男性は読まないでください」とあったら、あなたは読むのを我慢できますか?

ふと見かけた広告チラシに「見ないでください」と書いてあったら、見ないままにできますか?

メルマガは読んでもらうためのもの、広告チラシは見てもらうためのもの。

それなのに、**まったく逆のことが書いてあると、「えっ？　何？」となります。**

これが「認知的不協和」です。

人間は、認知しているものに不協和音を起こされると興味をもつ生き物なんです。

私は、自分の講座の説明会のときに、最初に「はっきり言って無理にお勧めするつもりはありません」と言います。

この「認知的不協和」を使って、「どうせ、有料講座を売り込むんだろ」と思っている来場者に「えっ？」と思っていただくためです。

そして、来場者がグッと引きつけられたところで、「関心をもっていただいた方には、全力でお勧めしますが、価値がないと思われたらお断りいただいて構いません」と続けるわけです。

冒頭にお伝えした、**強力なクロージングのワザとは、この「認知的不協和」と三者択一を組み合わせたもの**です。

行動心理学では、**人間は、3つ以上の選択肢があると、もう迷って選べない**と言われています。

3つ以上の選択肢があると、迷って、買わないで帰ってしまう。

昔からある「松・竹・梅」は実によく考えられているんです。

ちなみに、ユニクロにはたくさんのカラーの商品がありますが、デザインは一緒。ちゃんとお客様が迷わないようになっています。

ですから、**お客様に提案するとき、提示するプランは3つがベスト。**

そもそも、1個のプランだけなら「イエスorノー」で、ノーの確率は約50パーセント。でも3つ提案すると、A、B、C、ノーなので、ノーの確率は25パーセントになります。しかも、人間の脳みそは、ノーよりも、A、B、Cを選び始めるんです。

なので、私も、お客様には3つの案を提示します。

さて、最強のワザはここからです。

3つのプランを提示して、あえて、そのうちの1つを捨てるんです。

「Aプランが3万円、Bプランが5万円、Cプランが10万円。この3つをご用意しました」と提示したあと、「どれがいいですか？」と聞くのではなく、「結論から言いますと、○○さんには、Aプランは勧めません」と1つプランを捨てる。

お客様に、「えっ、持ってきた案を捨てるの？」という認知的不協和を感じていただくんです。

その上で、こう言います。

○OK

「Aプランは、『お試し』のような内容なので、○○さんにはボリューム不足です。おそらく始めた後、物足りなくなります。○○さんは真剣に取り組みたい方ですよね？ですからAプランは捨てて、BプランかCプランのどちらかが良いと思います。どちらにしましょうか？」

営業からこう言われたら、「こいつ、自分のことを真剣に考えてくれているな」「ただのモノ売りじゃないな」と思いませんか？

しかも、「ノー」はどこかへ消し飛んでしまって、もう、BプランとCプランしか目に入らなくなりませんか?

このワザ、洋服屋さんや靴屋さんのデキる店員も使っています。

洋服屋さんで、なんでもかんでも「お似合いです」と勧めてくる店員がいたら、「なんだコイツ」ですよね。それが、「この靴いいね」と言ったとき、「あ、お客様、その靴はいいんですが、今のジャケットの雰囲気だとこれはあまり合わないので、その靴はおそらくやめた方がいいと思いますよ」と言われたらどうでしょう?

その販売員の信頼度って、一気に上がりませんか?

その店員が3つ靴を選んできて、「3つ選んできましたが、お客様の体型ですと、この靴は外して、これかこれがお似合いになると思います」と言われたら、つい、どっちかを買ってしまいませんか?

お客様に「これはやめた方がいいですよ」と言って、「認知的不協和」を起こすことができる人が、お客様から信頼されるプレゼンターなんです。

ちなみに、3つの案のうち、金額的に上の1つを捨てるか、下の1つを捨てるかは、お客様次第です。

先ほどは下の案を捨てる例でしたが、お客様によっては、こう言ってもいいです。

○OK

「○○さん、3つのプランのうち、まずCプランはお勧めしません。これはやっぱりちょっと金額が高いですし、始めていただいた段階でストレスになりそうな気がします、これはやめましょう。決めるとしたらAとB、どちらが現実的ですか？」

いかがですか？

3つ提案して、目の前で1つ捨てる。

本当に強力ですので、ぜひ、使ってみてください。

「第三者引用」で「物語」を売る

クロージングのときに使えるテクニックの1つに「第三者引用」があります。

この「第三者引用」は、クロージングだけでなく、お客様のニーズを広げてDゾーンにお連れするとき、つまり「ビルディング」においても効果的に使えるものです。

「第三者引用」とは、簡単に言えば、あなたからご購入いただいた過去のお客様の商品やサービスを通して生み出された「物語」や「体験」を話すということです。

テレビショッピングやコマーシャルなどを思い起こしてみてください。実は、この手法のオンパレードです。

【感情を揺り動かす超実践ノウハウ】

最も効果的なのは、**第三者引用**！！

↓

「他人の体験・物語」を話す

ストーリーは右脳に記憶されやすい
《左脳：右脳 ＝ 1：10,000》

浅川流　第三者引用の公式
出会い ⇒ アポ ⇒ プレゼン ⇒ 迷い ⇒ 決断 ⇒ 今

「このジムに通ってわずか3か月。私は○kg痩せました！」という俳優やタレント。「たった聞くだけ！　英語が喋れるようになったのは、このオーディオプログラムのおかげ！」と話すスポーツ選手。

私たちは、○○さんもそうなるんだったら私もなれるかも！　と他人の「物語」と「体験」に共鳴し、感情が揺れ動いていくわけです。

ただしここで要注意。この第三者引用、実はお客様に伝える情報が不足していると、逆効果を生んでしまうということを多くの人は知りません。

たとえば私の例でお伝えしましょう。

もし仮にあなたが、ある交流会で私と出

会い、名刺交換をしながら仕事の話になったとします。そこで私が「私のお客様で、○○さんと同じような20代後半の営業職の方がいらっしゃったのですが、2か月後には売り上げ12倍になりましたよ！」と伝えたとしたら、果たしてどんな反応が生まれると思いますか？

おそらく、「は～」とか、「で？」とか、もっと言うと、「自慢してる？」という心の声が聞こえるはずです。

このネガティブな反応を生まないためには、どうすればいいのか。

それが、私が考案した「浅川流、第三者引用の公式」というものです。以下に記す情報の流れの通りに、あなたとお客様との「物語」と「体験」を話してみてください。

▼**「出会い」：どのようなキッカケで出会い**

▼**「アポ」：どんな経緯でアポイント（会う約束）をとり**

▼**「プレ」：どのようなプレゼンテーション（商談・提案）が展開され**

▼**「迷い」：購入に際しどのポイントで迷い**

▼**「決断」：なぜ購入の決断ができ**

▼**「今」：今どうなっているのか**

このフロー(流れ)に沿って物語を作り上げると、相手の心は揺れ動いていきます。

参考までに、20代後半の営業職の方の話を、この公式通りに書きだしてみました。

【第三者引用の公式を使った話法例】

今から5年ほど前にコンサルティングを受けられた、私の代表的なクライアント様、20代後半の男性の話をさせてください。

この方はフランチャイズの権利を、脱サラしたい会社員の方に提案するという営業をされていました。

まったく売れずに困っていたところ、知り合いの経営者の方が、「浅川さんに救ってもらえ」と言ってご紹介されたんです。

当時はまだ無料相談というのを受け付けていましたので、その方はそれをご希望され、新宿にある私の事務所にお越しになりました。

1時間ほどお話をしたんですが、この方が売れない理由というのが3つ見つかりました。

1つは、サービスに確信が持てない。

本当にこのビジネスを始めることで、お客様は脱サラに成功できるんだろうか……と悶々と考え込んでいたんです。ですから当然、伝えきる力も出てこないですし、仮に売れたとしても、単価が安い。

トップセールスは平均単価300万円ぐらいのところ、この方は入口のメニューの100万円ぐらいのものしか売れませんでした。

2つ目は、会社が好きになれないというもので、もう3つ目は致命的だと感じたんですが、社長が嫌いだと言うんです。

正直、私はそれを聞いて「辞めたらいいいんじゃないですか?」と言ってしまいました（笑）。

すると彼はこう言ったんです。

「浅川さん、僕はもう逃げたくないんです。だからあなたのところに来たんです」

コンサルタントとしての気持ちが揺さぶられました。

理由を聞いたところ、この方、もともと仙台にお住まいで、あの東日本大震災で会社がなくなってしまったというんです。

その後、拾われるように名古屋の方にある会社に就職したようなんですが、そこでは上司からのパワハラがすごく、逃げるように東京へ来られた。

だからもう逃げたくない、辞めるなら結果を出してから辞めたいとおっしゃったんです。

私の心は震えました。

何とかこの方の力になりたいと思って、全力でコンサルティングの方法と、成果をイメージしていただく話をしました。

すると彼、「ぜひやってみたい！」と前のめりになって話してくれました。

ただ、私のコンサル料はそんなに安くなかったので、どうしても金額の部分が大きな懸念となり、迷われたのが実際のところです。

それも無理はないことですよね。

売れていないのでコミッションがほとんどなく、貯金を切り崩して生活をしているという状態。

加えて、なんと半年後に、奥様が出産を控えていたんです。

このままだと出産費用すら払えないとさえおっしゃっていました。

そこで私は2つ質問をしました。

1つ目は、「コミッションが給料として反映されるのはいつですか？」と伺うと、今月の売り上げは来月のお給料に反映しますとのことでした。

そして2つ目は、「仮に分割払いにしたら月々○○円となりますが、2、3か月は払えそうですか？」と聞いたんです。

すると、2、3か月はどうにかなりますが、やはり先行きを考えると不安で仕方ありませんとのことでした。

で、私はこの方にズバリ、こう言ったんです。

「であれば、ぜひやりましょう！　むしろやるべきです!!

今月の仕事次第で来月の給料が決まるのであれば、2、3か月でケジメをつければいいじゃないですか!?

そのために、通常の方よりも頻度を高めにコンサルしていきますから覚悟してください。私も決断します。

想像してください。もし仮に、このままの状況が続いていったとしたら、半年後の出産費用はどうなりますか？

今、何も手を打たないということが、最も危険な選択です。3か月後の人生を変える決断、ぜひ私としてみませんか!?」

するとこの方、まさに生唾を飲み込んでご決断されました。

結果はすごかったです。

私のところに来たのが6月だったんですが、その月の売り上げが100万ちょっとだったのが、その2か月後、なんと2000万円を売ったんです!

コミッションの桁が変わりました。

そして、私のコンサルを受けるまでの半年間、累計売り上げ3000万円だったのが、それからの半年間で累計7000万円を売り、年間トップセールス賞を受賞されたんです!!

分割払いにしていた私のコンサル料ですが、途中で一括に変更。

もちろん、出産費用も余裕で出せて、奥様もその変化にとってても喜ばれていました。

さらに、その会社をトップセールスとして退職し、自分がもっとやりたい仕事へと転職されていきました。

買わない理由は6つだけ

前項では「第三者引用」の説明と公式に沿った物語のつくり方を説明しました。

ここからは、この「第三者引用」をどのように効果的に使うかについて解説していいきます。

まず、お客様が購入を迷う理由は、果たしていくつあると思いますか？

実はたったの6つです。この6つを排除するために、前項で説明した「第三者引用」が役に立つのです。

▼「迷い」のポイント1　「お金」

なんと言ってもこれ。当たり前ですよね。「高いよ」「買いたいのはやまやまだけど、予算が……」というやつです。これはあなたも経験があるでしょう。

▼「迷い」のポイント2　「第三者」

2つ目はこれです。「やってみたいけど、家族に相談しないと」というパターン。

高額商品の場合によくある理由です。

▼「迷い」のポイント3　「時期・タイミング」

「子どもが今、受験で」とか、「もうすぐ、転勤者の発表があるので、転勤がなければ」など、家庭や会社の事情で二の足を踏まれることがあります。

▼「迷い」のポイント4　「会社やシステムへの不安」

「あなたの会社、信用していいの？」「このプログラムをやると、本当に売り上げがアップするの？」という、会社や商品そのものへの不安からの迷いですね。

▼「迷い」のポイント5　「優位性」

つまり、他社比較です。「もっといい条件の会社が他にあるのでは？」という懸念。

「もっと安い商品があるかも？」もこれですね。

▼「迷い」のポイント6 「成果」「継続性」「変化への恐怖」など

6つ目は、業界によって違います。たとえば、ジムとか英会話教室などでは「成果」。「ホントに痩せるの?」「ホントに英語がしゃべれるようになるの?」ですね。それから、「私、続くかしら」という「継続性」も懸念になります。

化粧品とか保険などでは、すでに使っているものから新しいものに変える「変化への恐怖」が懸念になります。

クロージングを完成させるためには、これらの「買わない理由」を排除していかなくてはならないわけですね。

先ほどお伝えした通り、ここで**「第三者引用」が役に立つ**のです。

たとえば、明日会うお客様のことを想像すると、「値段が高い」ということを「買わない理由」にしてくるだろうな、と思ったら、お金について迷ったけれど、「分割払いを選んで、何とかお金を捻出して買って成功した人の話」を用意して、前の日、

お風呂で「第三者引用」のトークを練習しておく。

これが、先回りした即戦力的な営業準備です。

そして、クロージングの日には、**ファイナルクロージングの前に、その懸念事項に該当する「第三者引用トーク」を、「○○さん、今日は3年前のあるお客様の話をさせていただいてもいいですか……」と、話しはじめればいい**のです。

何しろ、お客様が買わない理由はほとんどこの6つだけです。

あなたの仕事に当てはめて、それぞれの理由を克服して成功した人の「第三者引用トーク」を用意しておいてください。

もし、自分の過去のお客様に、該当するお客様がいなければ、同僚や上司や仲間のお客様の話を聞いて、必ず用意していただければと思います。

テストクロージングはノーリスク、ハイリターン

さて、ここで、はじめの方でお話をした浅川流「セールスの9ステップ」を思い出してください。

そう、9ステップとは、「アプローチ」「ディスカバリング」「ビルディング」「テストクロージング」「レビューイング」「2度目のビルディング」「2度目のテストクロージング」「リゾルビング」「ファイナルクロージング」でしたね。

このなかの「テストクロージング」には、「買えない障害」、セールスの世界でいう「懸念」を引き出すという狙いがあります。まさに、前の項でお話をした、**6つの買わない理由を把握するのが、「テストクロージング」**なわけですね。

【仕事を獲得する・契約を勝ち取るまでの大枠の流れ】

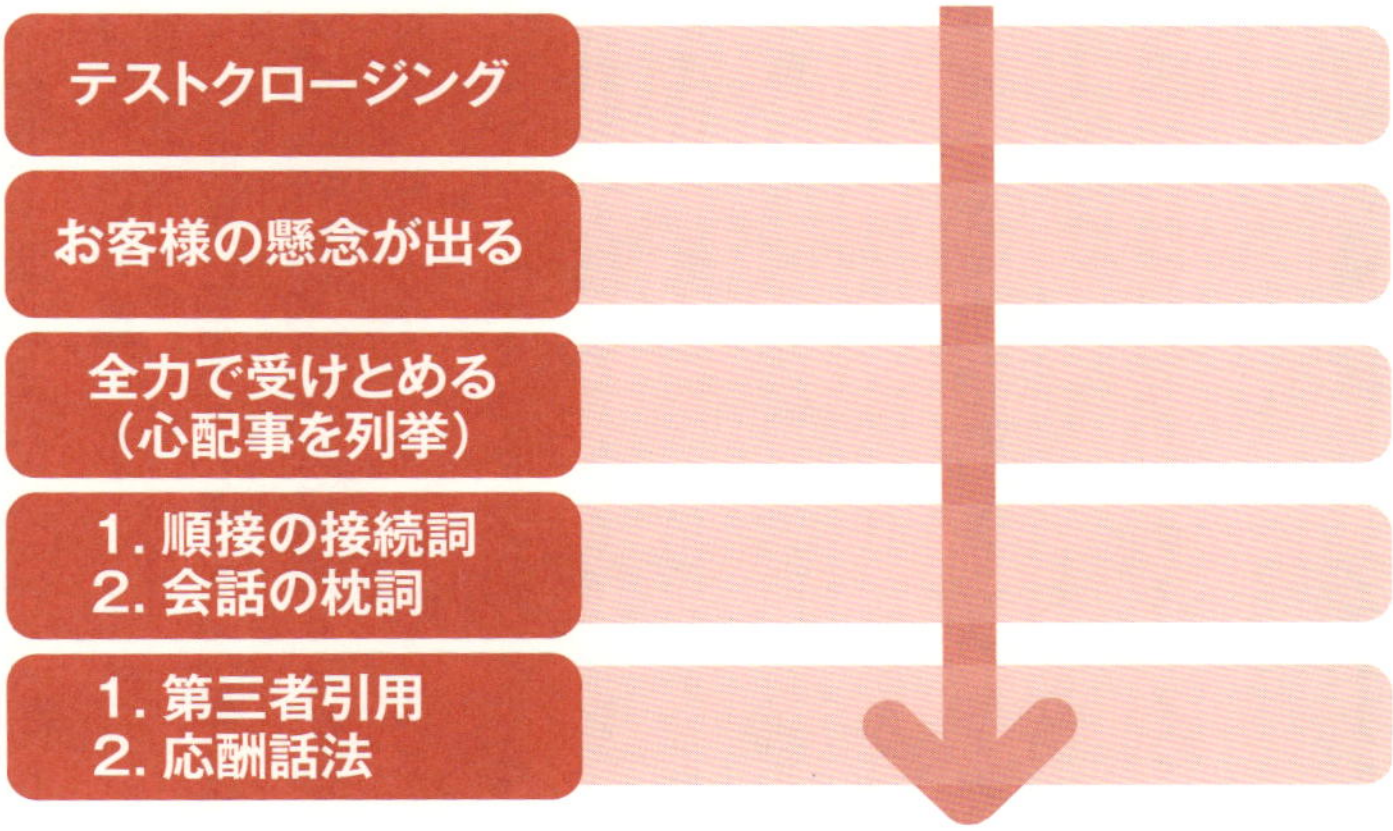

テストクロージング以後、ファイナルクロージングへ向けた流れは以下の通りです。イメージでいうと、私のアタマの中には「仕事を獲得する、契約を勝ち取るまでの大枠の流れ」が、このように存在しています。

ちなみにこの流れは、9ステップにおける「④テストクロージング」から「⑨ファイナルクロージング」までを、非常に細かく段階的に表記したものだと捉えてください。

「テストクロージング」→「お客様の懸念が出る」→「お客様の懸念を全力で受け止める」→「順接の接続詞」を使う→「会話の枕詞」を使う→「第三者引用」を使う→「応酬話法」を使う

このあと、それぞれについて説明していきますが、まずは、テストクロージングについて掘り下げましょう。

ここで明確に定義をしますが、**お客様の「感情レベル」を確認するのがテストクロージング。「行動レベル」を確認するのがファイナルクロージング**です。平たく言えば「買いたいと思うか？」「やりたいと思うか？」を問うのがテストクロージング。「買うか、買わないか？」「やるか、やらないか？」を問うのがファイナルクロージングですね。

売れない人は、テストクロージングなしで、いきなりファイナルクロージングにいって撃沈してしまう。これ、デートの誘いをしないでプロポーズするようなもの。それは無理です。それにファイナルでノーと言われると終わってしまいます。

セオリーは、**ワンプレゼンテーションで最低5回はテストクロージング**を入れてください（ソクラテス式問答法は「イエスと言われる質問を6回」でしたね）。

素晴らしいことに、この**テストクロージングは「ノーリスク、ハイリターン」**なんです。一方、ファイナルクロージングは「ハイリスク、ハイリターン」。ですから、**テストクロージングを繰り返して、ファイナルクロージングのリスクを小さくする**のです。

クロージングのゴールが、建物の10階まで登ることだとするなら、**テストクロージングは、別のエレベーターで上がっているお客様が、今、何階にいるかを確認する作業**だと思ってください。

「○○さん、何階にいますかー！」と確認するのがテストクロージング。

お客様が、まだ3階にいるなと思ったら、ファイナルクロージングをうってはいけません。「ビルディング」の段階に戻り、第三者引用を入れるとか、示唆質問を入れるとかして、お客様を9階までお連れしないといけません。

そして、このテストクロージングを入れたときのお客様の反応は3つだけです。

1つ目は、**「完全イエス」**。これはもうファイナルクロージングをうっていい。

2つ目は、**「完全ノー」**。ただ**1回目の「完全ノー」は挨拶みたいなもの**なので「まあ、そうですよね」と受け流してよいです。しかし、しれっと説明を続けてみて、2回目のテストクロージングでも「完全ノー」だったらあきらめましょう。「今回の話は、縁がないのかもしれないですね」と引き下がればいいのです。

あくまで私の感覚ですが、この「完全イエス」と「完全ノー」の方は、それぞれが全体の10パーセントくらいです。

そして、残りの80パーセントの人が3つ目、**「イエスだけど○○」**という人たち。

「やってみたいけど懸念がある」という人がほとんどなんです。

テストクロージングをかけると「懸念」が出てくると言いましたよね。

この、相手の懸念が出てきたときにやっていただきたいテクニックがあります。

それは、**「ポジションチェンジでGO」！**

セールスがついやってしまいがちなのは、お客様から「高いですね」と言われたときに、「いや、こんな機能もあって、こんな効果もあるんで、高くはないですよ」「でも、高いなぁ」「いやいや、効果があるんで回収できます。安いですよ」と、これでは**ただの押し問答**です。こうなったらもう売れません。人間には一貫性を保ちたいという心理的な法則がありますから、1回断ったものをまた勧められても、「1度断ったんだから」と自分を正当化して意地になってしまいます。**ですので、「高いなぁ」と言われたら、相手の立場に「ポジションチェンジ」**してください。

○OK

「高いなぁ」

「高いですよね。高いですけど使ってみたいとは、思っていただけたんですか？」

「はい」

「ありがとうございます。どうして使ってみたいなと思われたんですか？」

「なんか役に立ちそうかなと思って」

「ありがとうございます。では、どう考えたらこれが高く感じないか一緒に考えてみませんか？」

これがポジションチェンジ。お客様の懸念に対して、こっちも「イエス」と同意して同じサイドに立つ。「どうすれば安く感じられるようになるか、一緒に考えましょう」と、**一緒に出口を探すようなイメージ**です。

ポイントは、ノーリスクのテストクロージングを何度もかけて、相手の懸念がわかったらポジションチェンジで一緒に出口を探す。

懸念が出たら、ゴールは近いと喜んでください。

テストクロージングの7枚のカード

前の項で「テストクロージングは最低、5回」とお伝えしました。

「そんなにバリエーションを思いつかない」というあなたのために、**浅川流「テストクロージングの7枚のカード」**を授けます。このまま上から順に使えますし、アレンジしていただければ無限に使える便利なカードです。

▼テストクロージングのカード1

「ここまででご質問はありますか?」

自分の仕事が、比較的難しいビジネスモデルだというときは、絶対にこの質問を意識してください。特に保険関係の方。ユーザーからすると、利率とか保障内容とかまったく分かりません（私だけ？）ので、この質問、必須です。こう聞くと、「あっ、この人は私に寄り添ってくれているな」と感じていただけます。

あと、つい自分がしゃべりすぎてしまう人も、この質問、意識してください。

▼テストクロージングのカード2
「ここまでで共通点はありますか？」

お勧めなのは、「第三者引用」を使ったあとに、これを使ってみてください。「実は浅川さん、私もその方と一緒で……」と、これものすごく効果的です。

▼テストクロージングのカード3
スケジュールについての独り言

これもかなりパワフルです。要するに、今後のスケジュールを、あたかも、今、思い出しながらの独り言のようにつぶやくのです。

たとえば、教育プログラムの販売ならこんな感じです。

「えーと、仮に今日、ご契約いただけるなら、頭金の1万円だけでまずは大丈夫です。そのあと、事務局から決済メールが届いたら、だいたい3日から1週間以内にご決済いただいて、そうすると確認が取れますから、あ、もう、来月からは始められますね」

こうやって、お客様という飛行機に着陸点を示してさしあげる。もし、お客様が「まだ考えてないよ」と言ったら、「いやいや、大丈夫です。独り言なんで」と言えばいいんです。「仮にですから」みたいな。ノーリスク、ハイリターンです。

▼テストクロージングのカード4
「仮にお取り組みされるとしたら（ご採用されるとしたら）私が担当になるんですけど」

もし、あなたが扱う商品やサービスが、担当制でしたら、このひと言はぜひ入れてください。「私が担当ですけど大丈夫ですか？」と聞くことで、お客様は安心されます。

もし、担当部署が別にあるなら、「何かあれば、お客様サポートセンターがあります」

と教えてあげてください。もし、「自分が引き続き担当です」とお伝えして、相手が「じゃ、定期的に連絡取ってもいいんですか？」なんて言ってきたら、確実に相手の感情エレベーターは上がっています。

▼テストクロージングのカード5
「仮にお取り組みされるとしたら、どちらが現実的ですか？」

支払い形態やプラン、時期などについてのテストクロージングです。「支払いは一括と分割、どちらが現実的ですか？」「3か月コースと半年コース、どちらが現実的ですか？」などですね。

私、この「現実的ですか？」というキーワードを思いついたとき、自分のことを「私は天才か！」と思いました。これ、「どっちが払えますか？」「どっちができますか？」と聞かれたら嫌な感じがしませんか？

ちなみに、この**「現実的ですか？」はアポ取りにも使えます。**

「今週と来週でしたら、どちらが現実的ですか？」「夜と朝でしたら、どちらの方が現実的ですか?」と、本当に使い勝手がいいです。

数年前に私の講座に来た、某社の事務局の方は、「ほとんど忘れちゃったけど、『現実的ですか?』は本当、使ってます」とおっしゃっていました。

▼テストクロージングのカード6
「いずれにしても、やってみたらいいんじゃないですか?」

ほぼファイナルクロージングのように聞こえますが、まだ「行動」ではなく「気持ち」について聞いています。私、このフレーズを繰り返して言ったら、契約が決まってしまったことがあります。

○OK

「ちなみにどうでしょうか、やってみたいなと思われますか?」

「浅川さん、やりたいんだけど、どうしても旦那に相談しなきゃいけないんですよ」

「そうですよね。分かります。相談して、しっかりと受け入れていただいてから始める方がいいですよね。うん。いずれにしても、やってみたらいいんじゃないですか?」

「いやいや、だから浅川さん、旦那に相談して……」

「そりゃそうですよ。今回のケースはやっぱりね、〇〇さんが収入を上げて、そしたら収入が上がると旦那さんからの評価はどうですか？」

「喜ぶと思いますよ」

「旦那さんも喜びますよね。いずれにしても、やってみたらいいんじゃないですか？」

「……そうね」

そんな感じでクロージングできてしまいました。

ただ、このフレーズは、営業経験が浅い方は勇気がなくて言いづらいかもしれません。

私は新人のころ、これを言っている先輩が輝いて見えましたからね。それで、どうしたかというと、お風呂でずーっと言っていました。しかもトーンを変えて。

「いずれにしても、やってみたらいいんじゃないですか？」

「いずれにしても、やってみたらいいんじゃないですか？」

「いずれにしても、やってみたらいいんじゃないですか？」

「いずれにしても、やってみたらいいんじゃないですか？」

「いずれにしても、やってみたらいいんじゃないですか？」

もう、繰り返し繰り返し、脳が変に意識するのが消えるまで言っていました。

そうしたら、「組織的感度の鈍感化」と心理学では言うんですけど、**何度もやり続けると鈍感になってきて、すぐに言えるようになった**んです。

このフレーズ、「言いにくいな」と思ったあなたは、ぜひ、お風呂で繰り返し言ってみてください。

▼テストクロージングのカード7
「やってみたいなとは思われました？」

7枚のカードの中でこれが一番パワフルです。パワフルではありますが、これも、まだ「気持ち」を聞いているので「テストクロージング」です。

こう聞いて、もし、**相手が「YES」と答えてきたら、必ず「WHY？」と聞いてください。**なぜやってみたいのか、その理由を自ら語ってもらうのです。

「ところで弊社の資料をご覧いただきましたけど、やってみたいなーというのは思われました？」

「そうですね。できるんだったら」
「本当ですか。ありがとうございます。ちなみになぜやってみたいんですか？」
「やっぱり、もっと営業としての力をつけて確実に売れるようになりたいから」

こんな感じです。**この「相手がＹＥＳのあとのＷＨＹ？」は、ファイナルクロージングのあとでも必ず聞いてください。**

以前、プログラムの購入を決めた女性営業の方に「決め手は何だったんですか？」と聞いたら、「実は、自分のことをずっとダメ呼ばわりしてきた親に、トップセールスになった自分の姿を見せたい」と涙ながらに語ってくださったことがありました。

理由を聞くと、お客様が、自分で自分を説得し、決意表明してくださるんです。

テストクロージングの７枚のカード、いかがでしたか？
これ、上から順に聞いていくだけでプレゼンテーションになります。
どんどん使って、お客様の「感情レベル」を確認し、お客様の**感情のチューニング**をしていただければと思います。

懸念を解消する6つの質問

さて、「テストクロージング」でお客様の懸念（迷う理由・買わない理由）があきらかになったら、まずは、**「そうですよね！」とそれを全力で受け止めて**ください。

ちなみにお客様の懸念は「お金」「第三者」「時期・タイミング」「会社やシステムへの不安」「優位性」、そして、業界によって異なる「成果」「継続性」「変化への恐怖」などでした。対応策として「第三者引用」が効果的というお話もしましたね。

ここでは、お客様が懸念を言ってきたとき、ちょうどよい「第三者引用」がない場合にも使える、「懸念解消に効果抜群の質問6つ」をご紹介しましょう。

▼懸念を解消する質問1

「どうしてそのように感じるのですか?」

こう聞かれると、実は結構、答えられないものなんです。

○OK

「ちょっと高いですね」

「ありがとうございます。ちなみにどうしてそのように感じるのですか?」

「え?」

人間は、比較対象がないと物事を判断できません。「高い」って、いったい、何と比較して高いのか? 高い根拠は何なのか?

これ、聞き返されると答えに窮する。**たいてい根拠はない**のです。安くなるかもしれないから、とりあえず高いと言っておこう、なんて人もいます。

こう切り返すと「まあ、○○に比べれば安いか……」なんて、勝手に納得してくれることもあります。

値段に限らず、根拠を聞かれると、相手はなかなか答えられないものです。

▼懸念を解消する質問2

「私は何て答えると思いますか？」

相手が、時期に懸念があって「これ、今決めないとまずいですか？」と言ったり、継続性に不安があって「私に続きますかね？」なんて言っているときに有効です。

「私は何て答えると思いますか？」と聞くと、「今やれって言うんじゃないですか」とか「まず一歩を踏み出せって言うんでしょう」なんて、代わりに答えを言ってくれます。お客様は、懸念を吐露することで、営業に背中を押してもらいたいときがあると覚えておきましょう。

▼懸念を解消する質問3

「私もよく分かります。ちなみにその中で、なぜ多くの方が始められていると思われますか？」

たとえば、相手が金額について懸念を言ってきたとき。

○OK

「いや浅川さん、だってなかなかこんな金額、簡単に出せないでしょう」

「よく分かります。私もそう思います。私も、そちらの立場だったら同じことを思うと思います。では、ちなみにうかがいますね、なぜ、大学生までもがこのプログラムを始められていると思いますか?」

「え? 成果が出るからですか」

「なぜ、そう思われるのですか?」

「たぶん、浅川さんの話からすると、出るんじゃないですか」

「ちなみに、仮にその成果が出たら、この金額ってどうですかね?」

「安く感じるんじゃないですか」

「ありがとうございます! であれば、どうするんですか?」

「やります」

全部質問ですね。「なぜ多くの方が……」は、言ってみれば**「個人を特定しない第三者引用」みたいなもの**です。

▼懸念を解消する質問4

「仮にその部分が変わったとしたらいかがですか？」

少しわかりづらいですね。たとえば、こういうことです。

懸念が「家族に相談したい」という方に、「仮にその、自分でなかなか決められない部分が変わったとしたらどうですか？」と言ってみる。

値段が高くて踏ん切りがつかない方に「いつも安いものを買って、後悔する。仮にその部分が変わるとしたらどうですか？」と言ってみる。

「実は、私がお勧めをしているプログラムって、そういうことなんです」と。

これも、迷っているお客様の背中を押す質問になります。

▼懸念を解消する質問5

「仮にその部分が明確になったとしたらいかがですか？」

たとえば、「値段が高い」というお客様にこう言ってみる。

「ありがとうございます。なぜ高いか気になりますよね。仮にその高い理由が明確に分かったとしたら、いかがですか？」

あるいは、「懸念に対する質問3」と組み合わせて、次のように使ってもいいです。

○OK

「ちなみに、なぜそれを多くの方が始められると思いますか？」

「いや、分かんない」

「ちなみに、なぜ多くの方が始められるかが分かったとしたらいかがですか？」

「うん、知りたい」

「じゃ、お話ししますね。実はみなさん、やっぱり決断をするだけで人生は変わるからなんです」


懸念に対して、「そうですよね、その懸念があるのに、他の人がなぜやっているか理由を知りたくありませんか？」と言われたら、誰だって知りたくなりますよね。

▼懸念を解消する質問6
「差し支えなければ、もう少し詳しく教えていただけますか？」

最後のこれは、もう、懸念が出てきたときの口癖にしていただきたいくらいのフレーズです。

以前に、私がプログラムの説明をしたら、「それ、詐欺みたいなもんじゃないの？」とおっしゃったお客様がいました。普通の営業は、「とんでもない！」なんて言うかもしれません。でも私はそこで、「差し支えなければ、もう少し詳しく教えていただけますか？」と言ってみたんです。

すると、知り合いがこの手の話に騙されたという過去を語ってくれたりするんです。

私の知人である保険の営業さんは、「保険の営業」だと名乗った途端に激昂したおばあちゃんと会ったことがあるそうです。

「差し支えなければ、どうしてそんなに怒っておられるのか聞かせていただけませんか？」と聞いてみたら、実は以前に、ある保険会社の営業に勧められて入った保険で、旦那さんにかけていた保険金がおりなかったことがあった。そのために、家族がおかしくなってしまった。だから、保険＝詐欺だと思っているというのが理由だったそうです。

知人の営業さんはその話を聞いて、「あー、そうだったんですか。すいません。私はもちろんその会社の人間じゃないですけれども、同じ業界の人間としてお詫びさせてください」と話をして、結局、新しい保険の契約をいただいたそうです。

相手が「疑い」や「怒り」をもっているのには、何かしら理由があります。

多くの営業は、詐欺呼ばわりされたり、理由もなく怒鳴られたりしたら、「なんだあいつは」で終わるんです。でも、そこで、**何かがあると思って、「差し支えなければ、そういうふうなことをおっしゃる、ご理由をうかがってもよろしいですか？」と言える営業は売れる営業**なんですね。

私に「それ、詐欺みたいなもんじゃないの？」とおっしゃったお客様も、よくよく説明をしたら、「浅川さん、誤解だったね」なんて言って契約してくださいました。

以上が、お客様から懸念が出たときに使える6つの質問です。

反論を和らげる魔法の接続詞3つ

ここまでお読みになっていかがでしょうか？

やるべきことをきちんとした順番で行なえば、必ずクロージングは成功します。

ここで、ファイナルクロージングへ向けた流れをもう一度説明します。

「テストクロージング」→「お客様の懸念が出る」→「お客様の懸念を全力で受け止める」→「順接の接続詞」を使う→「会話の枕詞」を使う→「第三者引用」を使う→「応酬話法」を使う。繰り返しになりますが、これはステップ4「テストクロージング」からステップ9「ファイナルクロージング」までをさらに細かく段階的にしたものです。

このうち、次は「順接の接続詞を使う」について説明します。

「順接の接続詞」は、別の表現をすると「反論を和らげる魔法の接続詞」です。

ちなみに、「順接の接続詞」の反対は「逆接の接続詞」。

この**「逆接の接続詞」の代表格は、「でも」「だけど」「しかし」**ですね。

これを言った瞬間に、どんなに懸念に対してポジションチェンジをしていても、聞いたお客様は、「あっ、やっぱりこの人、私にモノを売りたいだけなんだ」となってしまいます。**どんな正論を述べようと、相手は「でも」と言われた途端に、あなたに対して拒絶の反応を起こす**と認識してください。

それなのに、「でも」が口癖の方、結構いますよね。

この逆が「順接の接続詞」です。

ということで浅川流、反論を和らげる魔法の接続詞を３つご紹介します。

▼反論を和らげる魔法の接続詞１　「その上で」

この「その上で」は効果的です。

「確かに高いですよね。その上で、売り上げが上がるともっといいですよね」

はっきり言います。文法的には間違いです。国語の試験だったら×です。

文法では、「その上で」の部分には「でも」が入るのが正解です。

ところが、**会話だと、これがOKなんです。**相手の敵になりたくないから、「でも」は使いたくない。だったら、文法的には変だけど、「その上で」でつないでしまうのは「あり」だと思ってください。

▼反論を和らげる魔法の接続詞2 「たとえば」

2つ目は「たとえば」。

「あー、分かります。旦那さんに相談したいですよね。分かりますよ。たとえば、これも旦那さんのためですよね」

はい。これも意味は分かりません。文法的にも間違い。ところがこれも、会話ならOK。**「でも」を挟むより百万倍いいです。**

▼反論を和らげる魔法の接続詞3 「いずれにしても」

最後は、私が大好きな接続詞「いずれにしても」です。

「テストクロージングの7枚のカード」の6枚目にも「いずれにしても、やってみたらいいんじゃないですか?」と出てきましたよね。

何を懸念として挙げようが、それを全力で「そうですよね〜」と同意してくれたあとで、「いずれにしても」と言われたら、もう手も足もでないでしょう。

「いずれにしても」を繰り返し言っただけでクロージングできたお話をしましたよね。この言葉を聞いた瞬間、空中で旋回していた飛行機が一気に着陸態勢に角度がぐーっと変わるんです。

反論を和らげる魔法の接続詞3つ。騙されたと思って使ってみてください。

クロージングへスイッチチェンジする最強の枕詞

さて、ファイナルクロージングへ向けた流れ、次は**「会話の枕詞」**と**「第三者引用」**です。

復習ですが、前述した「スイッチングレーン」を覚えていますか?

たとえば、友人にビジネスの話をするときは、ちゃんと、「もしかしたら役に立てるかもしれないんで、ちょっと仕事の話をしてもいい?」などと宣言して、友人のレーンからビジネスのレーンにスイッチングしてください、という話でしたよね。

もう1つ、復習。「YESを引き出すソクラテス式問答法」は覚えていますか？

イエスと言ってもらえる質問を6回して、最終的に「目的としているイエス」をもらうというテクニックでした。

実は、**クロージングに、この「スイッチングレーン」と「ソクラテス式問答法」、そして、先に触れたように「第三者引用」が大いに使える**のです。

いよいよ、今まで学んできたことを駆使してのクロージング。

ここでは、3つのテクニックと「スイッチチェンジの枕詞」を使った「不動産の営業とお客様のクロージングの会話」をご覧ください。すでにあなたは、「あっ、ここはこのテクニックだ」ということがわかるはずですので、意識してご覧くださいね。

○OK

「どうでしょう、この家の話、前に進めてみたいなと思われましたか？」

「はい。でもまだ、ちょっと悩んでいます」

「悩んでいる。率直におっしゃっていただいて、ありがとうございます。ちなみに◯◯さん、少し質問させていただいてもよろしいですか？」

「はい」

「ありがとうございます。嬉しいです。改めてですね、ご自分の家をもちたいという気持ちは本当ですよね？」

「はい」

「ありがとうございます。今ご覧いただいているご住宅、どうでしょう、間取りも立地も、今までで一番良いな～という先ほどの言葉は本当ですよね？」

「はい。間違いないです」

「ありがとうございます。嬉しいです。では最初におっしゃっていた、ご予算内、だいたい4000万ぐらいでまとめたいとおっしゃっていましたが、このご予算内におさまっていることも間違いないですよね？」

「はい。間違いないです」

「ありがとうございます。では、◯◯さん、私、不動産のプロとして、ちょっと本気でお話をさせていただいてもよろしいでしょうか？」

「はい」

「ありがとうございます。これです。この物件で決めましょう！　正直、今までいろんな方々とお付き合いしてきましたけど、だいたい今の質問が全部イエスだという方は、ここで決められています。で、ここで決められない方々が、だいたい3か月、半年後におっしゃる言葉がこれ。『あそこにしておけばよかった』。ですから私は、プロとしていろんなお客様と向き合ってきたんで、明確に分かりますが、今の質問をイエスと言っていただいているんであれば、もう◯◯さん、こちらの物件で私は間違いないと思います。どうでしょう、前に進めてみてはいかがでしょうか？」

「はい。わかりました」

「本気ですか？」

「はい」

「ありがとうございます。ちなみに決め手は何でしょう？」

「プロからのひと言です」

「ありがとうございます」

いかがでしたか？

「スイッチングレーン」「ソクラテス式問答法」「第三者引用」がどこに使われていたかわかりましたか？　「よねの法則」も出てきましたし、最後にはちゃんと「YESのあとのWHY？」で「宣言」もさせていましたよね。

この会話の中で使われていた「クロージングへスイッチチェンジする枕詞」は次の5つでした。

「少し質問させていただいてもよろしいですか？」

「○○という気持ちは本当ですよね？」

「○○という先ほどの言葉は本当ですよね？」

「○○も間違いないですよね？」

「この業界のプロとして、本気でお話をさせていただいてもよろしいですか？」

実は、この5つ目に使っていた枕詞が「最強の枕詞」なんです。

「この業界のプロとして、本気でお話をさせていただいてもよろしいですか？」

この一言。まさにドクターとしてのひと言です。
プロとしての本気の言葉を贈る。
それが、お客様の背中を押します。

ピークエンドの法則

重要なステップなので、ここで改めて、ファイナルクロージングへ向けたステップを振り返りましょう。

まず**テストクロージング**。

「いずれにしても、やってみたらいいんじゃないですか?」「やってみたいなーなんて思われましたか?」みたいな感じで、テストクロージングする。

そうすると、**お客様の懸念が出る。**つまり「買えない理由」というか、「買えないと思っている理由」が明らかになります。

そうしたら、その**懸念を全力で受け止める。**

この「全力で受け止める」のがすごく大事。「分かります。そうですよね。私だって値段が高いなって最初、思いましたよ。確かにそうですよね。本当に成果が出るか不安なところもあるし。自分で何か変えようなんて思っても、なかなか難しいし。すごく分かります。重々承知です」と、これくらい受け止めてほしい。

次が、**「順接の接続詞」**です。

ポジションチェンジをしていくわけですから、まちがっても「でも」とか言ってお客様の敵にならないでください。

順接の接続詞で、「いずれにしても……」とかでつないで、テストクロージングを続けて、**「スイッチチェンジする枕詞」**そして、必要なら**「第三者引用」**。そして、**「プロとしてお話をさせていただきたいんですが」**でしたね。

ここまでくれば、お客様は10階建てのビルの9階まできているはず。

あとは「応酬話法（ファイナルクロージング）」で10階に来ていただくだけです。

この応酬話法の具体的な方法は、次項の「秘術　浅川流、10の応酬話法」で、10種類ご紹介しますね。

その前に、お客様とずっとお付き合いを続けていくための**「ピークエンドの法則」**という話をさせてください。

「ピークエンドの法則」とは心理学の言葉です。ひと言で言えば、**「有終の美」あるいは、「最後の印象が全部を決める」というような意味。**

考えてみてください。

営業が、売り込みをしているときは、「私はあなたのことを心から考えていますよ」みたいな顔をして熱心だったのに、クロージングが成功してモノが売れた途端、急に事務的な態度に変わったとしたら。

あの熱心さはウソだったのかと、ガッカリしませんか。

ですから、**最後が一番大切**なんです。

数秒前まで一生懸命に売り込んでいたのに、「やっぱり今回は……」と伝えた途端、「あ、そうですか、分かりました。じゃあ無理ですね」と、そういう営業には、敗者復活は永遠にありません。

断られたときこそ、これ以上ないくらいに丁寧に別れてください。

「そうですか。ありがとうございます。◯◯さん、今、お断りいただいたこと、逆に私、本当に感謝です。やるかやらないかで悩まれるより、今決めていただいてよかったです。またいずれ、これ以外のことでもお付き合いがあると思いますので、今後ともよろしくお願いします。どうも、ありがとうございました。じゃ、お気をつけて」

と、これくらいのことは言ってほしいのです。

お金を動かせない営業は、「買うか買わないか」ばっかり問うので、売れないとわかると態度がコロッと変わります。でも、**お金を動かせる営業は、相手の「選択の質」を問う。**ですから、相手の選択も尊重できる。

私は、**買い物は「その人の生き方」が見える瞬間**だと思っています。

極端に言えば、

ファイナルクロージングは、その人の生き方を問うもの。

「やってみたいと言いながらやらない人生と、やってみたいことをやれる人生。あなたはどっちで生きていきたいんですか？」と。

ということで、**美しきピークエンドとして、クロージング後は偉人の格言で締める**というのが、浅川流なんです。

「契約ありがとうございます。ぜひ、人生を変えてください。お祝いにこんな言葉を贈ります」なんて伝えて偉人の格言をお渡ししています。

よく使うのは、次のような格言です。

「人間は、自分が考えているような人間になる」

R・ナイチンゲール博士（人間開発の神様）

「人生で起こるすべての出来事は、すべて最高のタイミングでやって来る」

本田健（作家『ユダヤ人大富豪の教え』の著者）

「今から20年後、あなたは、やったことよりもやらなかったことに失望する」

マーク・トウェイン（小説家『トム・ソーヤの冒険』の著者）

少しキザですが、こういうことをすると、ただのモノ売りではなくなります。
あなたがお客様に偉人の格言を贈るなら、そのお客様と同じ業界の人の言葉を贈ると、より相手の心に響くかもしれませんね。

秘術　浅川流、10の応酬話法

ここでは、私がこれまでに培ってきた**ファイナルクロージングのスゴイ技、「秘術浅川流、10の応酬話法」**を一気に紹介しますね。

この部分だけでも、何十万円、何百万円の価値がある「お宝」です！

ぜひ、ご活用ください！

▼浅川流　応酬話法1　「子犬クロージング」

たとえば、ペットショップでものすごく可愛い子犬がいたとします。

あまりの可愛さに頭を撫でていたら、店員さんがこう言ってきます。「お客様、よろしければ抱っこしてみてください」。お言葉に甘えて抱っこしたら、もう本当に可愛い。でもここで、あなたは我に返って、店員さんに「この子、可愛いけど、私、家にいないことが多いから飼えるかどうか分からないわ」。そのときに、店員さんがこう言ってきたらどうでしょう？

「あーなるほど、そうですか。ならば、飼えるかどうか、試しに１週間だけ飼ってみたらどうですか？」

これが、名付けて「子犬クロージング」です。

１週間後、果たしてあなたは子犬を返せますか？

お客様が悩まれているとき、「なるほど、では、お試ししてみましょうか？」というのがこのワザです。

ちなみに、「使ってみてお気に召さなければ全額お返しします」というセールスをよく見かけますが、あるデータによると返金要求は５％未満だったそうです。

▼浅川流　応酬話法2「金額のチャンクダウン」

「チャンクダウン」とは、細切れにするという意味。
ひと言で言えば、支払い額を細かく割っていってお得感を出すというワザです。
たとえば、私が昔、１８０万円のプログラムを売っていたときは、こんなトークを使っていました。

「子どもや孫の世代まで使ってください」

すごいでしょ。具体的にはだいたい次のようなトークを添えていました。

「想像してください。この成功者の考え方というのは、時代によって廃れると思いますか。廃れませんよね。だって我々は、２５００年前の『論語』を読んでいますよね。ですから、このプログラム、ぜひ、あなたのお子さんやお孫さんの世代にも使ってください。お子さんが社会人になって『最近、なかなか売り上げが上がらないんだよね』なんて言ったとき、『おおそうか、いいのがあるぞ。タンス見てみろ』と言って引き継いでください。こんなお父さん、どうですか？ カッコいいですよね。そうやってお子さんにも使えるとして、仮に10年使えるとしましょう。180万円を10年で割ると1年18万円！ 月で割ると1か月1万5000円！ 日で割れば1日に約500円ですよ」

そんなふうにチャンクダウンを使っていました。

現在でも、法人研修とかですと、人数で割ったりしています。

「社長、今回は何人に受講させたいなと思われますか？ 50人。かしこまりました。私の研修プログラムはこの金額です。50で割ると、1人たったこの額ですね。研修は4時間ですから、1時間にこの額です。1時間にたったこの額を社員に投資するだけで、社員が売れる人間に変わったら、すごいリターンになりませんか？」

値段で二の足を踏むお客様にぜひ使ってください。

▼浅川流　応酬話法3「2006大学生クロージング」

おかしな名前ですが、これ、私が2006年に、実際に大学生に使ったクロージングのワザなんで、こんな名前で呼んでいます。

当時、私は大学生向けに49万8000円のプログラムを売っていました。で、ある大学生と以下のような会話になったんです。

「浅川さん、やってみたいけど、月に1万3000円の支払いは無理です」

「ちなみに◯◯さん、月いくらだったらできそうですか？」

「月5000円ならできそうです」

「なるほど、月5000円はいけるんですね。これは間違いないですね」

「大丈夫、5000円はいけます」

「分かりました。ならば、あと8000円頑張れませんか？」

つまり、全額の月1万3000円ではなくて、「5000円はいけるのなら、残りの8000円頑張りませんか」と、そっちに焦点を合わせたんです。

「どう考えたら8000円頑張れるか一緒に考えてみませんか」とポジションチェンジしてから、前項の「金額のチャンクダウン」です。

8000円を30で割ると、1日約266円。「1日266円頑張れませんか？」と聞いたら、「浅川さん、お願いします」となりました。

もう1回、説明すると、お客様が「これならいけるよ」という金額を聞いたら、自分が売りたい金額との**差額だけに焦点を合わせる**。これが「2006大学生クロージング」。すごく使えます。

▼浅川流　応酬話法4　「相談相手の追跡クロージング」

これは、お金ではなく、「第三者」が懸念の人へのクロージング方法です。

方法は簡単。お客様が、「誰かに相談しないと決められない」と言ってきたら、次のように「追跡」して聞くだけです。

「そうですか。分かりました。相談されたいんですね。ぜひ相談してみてください。ちなみに差し支えなければ教えてください、どなたに相談されるご予定ですか？」

「親です」

「なるほど、親御さんなんですね。ちなみにお父さんですか、お母さんですか、それとも両方ですか？」

「父です」

「お父さんですね。相談したら、お父さんは何と言いそうですか？」

「たぶん、そんなよく分からないのはやめろって言うでしょうね」

「なるほど、分かりました。ちなみにお父さんに反対されたら、どうされますか？」

「たぶんできないです」

追跡すると、その人の本気度がわかります。逃げ口上で相談すると言っているのか、本気でやりたいんだけど相談しないといけないと言っているのかが分かる。

もし、この会話のように、「相談して反対されたらやめます」と言われたら、こう言ってください。

「反対されるのが分かっている人に相談しなくてはならなくて、反対されたらやめるなら、今ここでやめましょう」

こっちがこう言って、「いや、それは」となれば相手はヤル気はあります。

もし、そういうリアクションなら、「以前に、同じように家族に相談しないと決められないと言っていたお客様がいたんです」と、**「第三者引用」にもっていってもいいし、あとから説明する応酬話法の1つ「人生はタイミングでできている」につなげてもいい**です。

とにかく、**重要なポイントは、「相談したい」と言われたところで「そうですか」と終わりにしないこと**です。

▼浅川流　応酬話法5　「選択の教育クロージング」

あなたは自分が扱っている商品に関するプロです。

少なくとも、さまざまなお客様を見てきて、結果が出る人、うまくいく人、幸せになる人の情報を知っているはずです。そういう人たちが、自分の商品について、どんな選択をしたかを知っていますよね。

この、**結果が出る人と結果が出ない人の違いを、対比して相手にお話ししてさしあげるというのが「選択の教育クロージング」**です。

私の例で言えばこんな感じです。

○OK

「私はこの業界に携わってもう10年以上経ちます。ですから、売り上げを伸ばして成功した方、なかなか売り上げが上がらない方の違いも知っています。その違いを聞いてみたいなというお気持ちってありますか？」

「聞いてみたいです」

「ありがとうございます。実は、結果が出る方、うまくいく方というのは、決め方が違います。自分の魂が震えたとき、これはいいなと思ったときに、その感情に従って行動する。逆にうまくいかない方というのは、『時間がない』とか『相談しないといけない』とか言い訳をして自分の魂の声に耳をふさいで、できることしかやらないで生きていく人です。ですから今、もし魂が震えてるんだったら、やってみたらどうですか？」

こう言って、私はクロージングしていました。

つまり、「最良の未来を手に入れた人」と「あとから後悔した人」の**選択の違いを見てきた、その道のプロとして、お客様に教育的なアドバイスをして、背中を押してさしあげる。**

これが、「選択の教育クロージング」です。

▼浅川流　応酬話法６　「ノートを閉じてクロージング」

これは、たとえば、商談でなかなか話がまとまらない、お客様がずっと「うーん……」とか言っていたら、**「やめましょう」と言って、ノートを閉じて立ち上がるというワザです。**

こういうのを「引きクロージング」と言います。少し勇気が要りますが、先ほどの「相談相手の追跡クロージング」と一緒で、お客様の本気度がわかります。

脈のあるお客様なら、「やめましょう」と言ってノートを閉じた途端に、慌てて、「いや、そういうことじゃないんだよ」なんて言ってきます。人間心理って面白いもので、

お世話をすると引かれるのに、こちらが引けば寄りかかってくるんです。

言い方は、投げやりに、「じゃあ、やめますかぁ」はやめてくださいね。喧嘩になります。あくまで冷静に、こんな感じで。

◯OK

「分かりました。では、もしかしたらご負担を与えているようなので、やめましょう。私はお客様を苦しめるために今日ここに座っているわけじゃないので、やめましょう。無理だったら言ってください」

もしそこで、「そうですね」と言われたら、それはもういいじゃないですか。ピークエンドで、丁寧に「またの機会に」です。

▼浅川流　応酬話法7
「まずは印鑑を押してみようクロージング」

これはもう、ウルトラC級のワザです。現場で思いついて実際にやってクロージングしたときは、自分を天才だと思いましたから。

それは九州のお客様で、電話営業でした。1度はヤル気になって契約書を郵送したのですが、いざ、印鑑を押す段になって怖気づいてしまったんです。

以下、そのときのやり取りです。

○OK

「浅川さん、実は悩んでるんだ。契約書届いて金額見たら、ちょっとまあ……」

「そうですか。分かりますよ。いざ契約書を見たら怖いなと思われますし、額面を見たら、それはそうですよね」

「そうなんですよ（このあと、ずっと、あーだこーだ）」

「○○さん、分かりました。悩んで決められないんですか」

「決められない」

「やってみたいのはやってみたいんですね」

「やってみたい」

「ではこうしましょう。今、1度、電話を切ります。そして15分後にまた電話します。その間に契約書に全部サインして待っててください。15分後に電話したとき、そのときの気持ちを聞かせてください。それでもまだ、決められなかったら、その場で契約書、破り捨てましょう。破り捨てれば印鑑押そうが何しようが関係ないんですから」

そう言って、15分後に電話しました。

○OK

「どうですか？」

「印鑑を押したら気持ちが定まった。なんか、考えすぎてた」

「まだいいんですよ。契約書を東京に送ってくれないと契約締結にならないですから、いいんですよ、送らなくても」

「大丈夫、もう押したら腹が決まった」

そうやってクロージングできたんです。

不思議ですよね。**印鑑を押すという行為は、たとえ「破り捨てていい」と言われていても、人に腹を決めさせる**んですね。

最後の最後で怖気づいてしまったお客様には、「もう分かりました。そこまで決められないんだったら、まず印鑑を押してみましょう。それで押したときの感想を聞かせてください。それでも違和感があるんだったらやめましょう」です。

実は、「恐怖」って、全部、自分で生み出しているんです。

ナポレオン・ヒル博士がフランクリン・ルーズベルト大統領のために書いた大統領演説の中に有名なひと言があります。

「我々が恐れるものは、恐怖、それ自体である」

アメリカ・ミシガン大学の研究チームの調査によると、「人間が抱いた恐怖・心配事の96パーセントは、本当に起こることはない」らしいです。

ですから、「こんなに支払いができるだろうか」とか「こんなの私にできるだろうか」とか、そんなに怖気づかなくても、頑張っていくとできちゃったりするんです。

その**無用なビビりを消し去るのが、この「印鑑を押す」という行為**なのですね。

▼浅川流 応酬話法8

「ある教会での話――本当の後悔について」

有名な実話なので、あなたはご存知かもしれません。

ある教会で、牧師さんがご老人向けに説法をしたんです。そのときに、「みなさんにとってこの人生、今、それだけ長く生きられてきて、後悔って何ですか?」と聞いてみたら、圧倒的に多かった答えが、「もっと挑戦しておけばよかった」だったのだそうです。

この話でクロージングしようというのがこのワザです。

たとえば、こんな感じ。

○OK

「ありがとうございます。ちなみに、やってみたいなというお気持ちはあるんですね。挑戦してみたいなというお気持ちはあるんですね。ただやっぱりなかなか変化が怖いとか、支払いが怖いとか、その部分ですよね。分かります。ちなみに先日、私はある話を聞いたんです。教会での話のようです」

(教会の実話を披露)

「人生って、年齢を重ねて、どんどん時が経てば経つほど、心に残る後悔というのは、『もっと挑戦しとけばよかった』ということのようです。ですから、結論から言いますと、ぜひ挑戦してみませんか? 挑戦しない後悔は、やめにしませんか? 頑張っていきましょう。おめでとうございます!」

▼浅川流　応酬話法9
「迷えることの素晴らしさ、脳機能の特性クロージング」

これもすごいクロージングです。

たとえば、あなたは「メジャーリーガーになりませんか?」と言われても、1ミリも迷うことなく断りますよね。

人間の脳って、よくできていて、実現しないことや解決できっこないことは、悩めないようにできている。悩みたくても悩めないんですよ。

つまり、**悩んでいることは、できる可能性があることだけ**なんです。

この、脳の機能を活かすのが、このワザです。

◯OK

「○○さん、ちょっとうかがいます。月々、10万円の支払い、これ迷いますか?」

「迷うこともなく無理です」

「即答でノー。ありがとうございます。では8万円ってどうですか?」

「厳しいですね」

「ありがとうございます。5万円では？」

「うーん……」

「ありがとうございます。3万5000円」

「うーん、まだキツイかな～」

「ありがとうございます。2万円」

「あっ、これなら普通に迷いますね」

「ありがとうございます。結論からいきますね。3万5000円以上の案は捨てましょう。やるとたぶんストレスになります。ですから月々、2万8000円ぐらいでできるプランをつくって、それがあったとしたらどうでしょう？」

「それなら、やってみようかな」

いかがですか？

このワザでは、**悩むことができないことは、捨てさせる**んです。なぜなら。絶対できませんから。

大きな金額のモノを売られている方は、こうやって上から、お客様とチューニングを合わせていってください。

これ、何も金額だけではありません。

お客様に、聞いてみてください。

「今、やるかやらないか悩んでいますか？」

「悩んでます」

「えー！　悩めるの？　すっごい！」

そうすると認知的不協和が起こります。

「なんで？　悩んでるって言ってるのに、なんで喜んでるの？　何が嬉しいんですか？」

「だって悩めるんですよね。これは実は脳機能の特性らしいのですが、人間はできないことは絶対に悩めないいんですよ。悩んでいるということはできるんですよ。一緒に解決しましょう」

▼浅川流　応酬話法10　「人生はタイミングでできている」

いよいよ、ラストです。

これは、「応酬話法4」に出てきたような「相談しないと決められない」というお客様へのクロージングのワザです。

たとえば、上司に大失敗の報告をするとき。対応を急がなくてもよい失敗なら、上司がなるべく機嫌がよいときを見計らって報告しますよね。

イライラしているときに報告したら、火に油です。

つまり、**人生というのは、タイミングを読める人がうまくいき、読めない人はうまくいかない。**人生っていうのはタイミングでできている。

では、成功者にとってのベストタイミングっていつだと思いますか？

それは心が動いたときです。

では、成功者が相談（報告）するときっていつだと思いますか？

それは、結果が出たときなんですね。

たとえば、「応酬話法4」の例に出てきた人のように、**「自分はやりたいけれど、家族に相談して反対されたらやめます」なんて言っているお客様の背中を押すとき**には、これを使います。

○OK

「やった方がいいってわかっているのに、どうして、反対することがわかっている人に今、相談してやめてしまうのですか？　やって、成功してから報告して喜んでもらえばいいじゃないですか！」

ということですね。

第1部の最後に、「はじめに」の部分で触れた電話営業の3つの改善点について、おさらいを含めながら解説させていただきます。

【改善点1】

電話営業において、開口一番の「もしもし」は無駄の極み。切り出す最初の言葉は「お忙しいところすみません」がベストです。

これは、与えたものが返ってくるという「返報性の法則」を活用したノウハウで、人には突然謝られると、つい許してしまうという心理的傾向があります。

また余談ですが、営業活動を行なうということは、〝有限な命の時間〟をお客様からちょうだいしていることとも言えます。その意味で、強い責任感を持つことがプロとしては大事です。私はそう思ってお客様と向き合わせていただいてきました。もちろん今でもそうです。これに限らず、要らない言葉は一文字でも排除するように、努力しましょう。

【改善点2】

受付を突破するために必要なことは、営業らしさをできるだけ排除することでした。つまり、「○○部長はいらっしゃいますでしょうか?」ではなく、「○○部長をお願いします」に変えてください。

【改善点3】

戻り時間を相手に聞くことも、「私は知り合いではなく、営業です」と言っているようなもの。「お戻りは○時ごろですよね」と、まるでライフスタイルを知っているかのように伝えることが大事です。

第3章 Point

①クロージングとは価値観を中和すること。
幸せになる考え方、苦痛から逃れる行動を、
業界のプロとして、お客様を教育していきましょう!

②人が購入できないと感じる理由(懸念)は6つだけ!
明日、お話しするお客様がどんな懸念を持たれるかを想像し、
それに合わせた第三者引用を準備しよう!

③テストクロージングは感情レベルの確認。
ファイナルクロージングは行動レベルの確認。
7枚のカードで、お客様の感情がどのレベルにあるのか見極めよう!

④プレゼンテーションにおいて押し問答は愚の骨頂!
懸念が出たら、ポジションチェンジ!

⑤買い物は「その人の人生が見える瞬間」。
ファイナルクロージングは人生を語ろう!

第2部

「売れる人」はこう考えている！

電話営業たちを一瞬で変えた「魔法のひと言」

ここから、どんなにテクニックを学んでも、「この部分が欠落していると、なかなかうまくいかない」というお話をします。

それは、我々**人間は「状態」（『気分』や『機嫌』）」が「行動」をつくり、その行動が「結果」をつくる。そして、その結果の積み重ねが「自己イメージ」を育てる**ということです。

ちょっとわかりにくいですね。営業で言えば、「気分がよくて、ノッているときの行動は、自信に満ちていて、成功という結果に結びつきやすいのでさらに自信がつく。逆に、落ち込んでいるときの行動は、自信がなくて、成功に結びつきにくいので、さらに落ち込んでいく」ということ。

つまり、**「結果は状態に比例する」**のです。

ここで疑問。もし「気分」を上げれば「結果」につながるのなら、頭で「切り替えろ、切り替えろ」と考えて気分を上げればスランプを脱出できそうですよね。

でも、頭でそう考えるだけで気分が前向きになるのなら、世の中にこんなにたくさん「前向きになろう」という自己啓発本があるはずはないんですね。

「状態」を「理性」で変えるのは簡単ではないのです。

では、うまくいっていないときに、気分を上げることは不可能なのかというと、実はそうではありません。なぜなら、次のような事実があるから。

気分、感情、状態は、「理性」に従うとは限らないが、「行動」には必ず従う。

これ、20世紀における「行動心理学最大の発見」だと言っている心理学者がいるほどの大発見。つまり、前向きになりたいとき、人間は、何も、うだうだと「前向きになろう」と心で思わなくても、**ポーズでよいので前向きな行動をとれば、勝手に心は前向きになってしまう**ということなのです。

私は電話営業をしていたとき、相手に電話を切られても、「おお、きたねぇ!」と自分をアゲていました。そうすると、断られれば断られるほど状態が上がるんです。

不動産会社の新人さんを研修したとき、電話でのアポがまったく取れなかった新人さんに、「とにかく、相手に、ハイテンションで『会いましょう!』と言ってください」とアドバイスしたら、1時間もしないうちにアポが取れたことがありました。

私が大好きな、「営業の神様」と言われているコンサルタント、ブライアン・トレーシーにこんなエピソードがあります。

彼が、ある電話営業の会社にコンサルに行ったときのこと。営業がぜんぜん電話をしていなかったんですね。みんな、電話しても断られるので、「気分」が落ちまくっていた。それを見たブライアンは、電話営業たちに、ひと言、こう言ったんです。

「午前中、最初に50人に断られた者に、最高級のランチをごちそうしよう！」

それを聞いた営業たちは大喜び。みんな電話をかけて、相手に断られると「やった、1人断られた！」「よし、また1人断られた」とどんどんテンションが上がる。

逆に、しゃべってくれる人には「やべえな。しゃべんないでほしいな」なんてことに。

そうやって、ハイテンションで電話をかけていたら、あれだけ成功しなかった電話営業が成功し始めたという、魔法のような本当の話です。

お客様が、営業の電話に耳を傾けるのは、「なんかこの人楽しそうだな」「この人なら、自分の幸せにつながるものを提案してくれるかな」と思ったときです。

それが、電話の相手が落ち込んだ声なら、「この人、自信がないな」と思うし、「契約、ノルマ、契約、ノルマ、契約、ノルマ……」と思いながら電話をかけてきたら、その思いが伝わって、「この人、売ってくるな」と警戒するのです。

だから、「結果は状態に比例する」なんです。

この大原則を、ぜひ、忘れず、胸を張って堂々と営業をしてください。

「錯覚」が人生をつくる

突然ですが、ここであなたに5つ質問をします。
あまり深く考えずに、頭の中でイエスかノーで回答してみてください。

質問1　あなたは前向きですか？
質問2　あなたは積極的ですか？
質問3　あなたは長男、あるいは長女ですか？
質問4　あなたは異性にモテますか？
質問5　あなたはガンコ者ですか？

はい。ありがとうございます。

いかがでしたか？

さて、ここでもう1度、５つの質問を見てください。

実はこの５つの質問のなかに、**事実はたった1つ**しかありません。

どの質問かわかりますか？

そう。

質問３ですね。

自分は長男だと思っていたけど、ある日、家に帰ったら兄がいて、「よー、弟よ」、なんてことはありません。

一方、質問３以外の４つの質問は、**「あなたが自分についてそう思い込んでいる」**というだけで、純然たる事実ではありません。あっ、別にあなたがウソをついていると言っているのではありませんよ。

重要なのは、「自己イメージについて、どう思い込んだ方が人生を豊かに生きていけるか？」ということ。

前の項で、「結果は状態に比例する」とお伝えしましたね。

状態というのは「気分」とか「機嫌」でした。

ですから、**「自分について、よい思い込み」をしていた方が結果につながる**ということです。

自分についてはぜひ、こんなふうに思い込んでほしいのです。

「私は営業が得意だ！　私は人の心を動かす最高のプレゼンターだ！　私は絶対にうまくいく！」

ウソでも妄想でも錯覚でもいい。

自信に満ちた錯覚が、自信に満ちた人生をつくります。

大切なことなので、繰り返します。

あなたが営業なら、こう錯覚してください。

「私はうまくいく！　私は絶対大丈夫！　私は成功者になる！　私はむしろ成功者だ！　私は営業上手だ！　私は目の前の人に感動を与えられる人なんだ！」

こう錯覚して、テンションを上げて営業してください。

テンションを上げることが結果につながることは、もうわかっていただけましたよね。

「錯覚が人生をつくる」

忘れないでください。

相手の「基準」を破壊せよ！

ちょっと考えてみてください。

あなたが会社で、朝イチに「この書類、すぐに処理して」と部下に指示したとします。部下は「はい、わかりました」と書類を受け取ったのに、いつまで経ってもその書類にかかりません。

「すぐに頼むよ」ともう1度声をかけると「はい」との返事。

それなのに、まだ手をつける様子がない。

とうとう堪忍袋の緒が切れて「いつになったら書類にかかるんだ！」と言うと、その部下、ポカンとした顔で「あっ、午前中にやるつもりでした」。

どうしてこんなことが起こるのでしょう？

それは、あなたと部下の「すぐに」という**言葉の「基準」が異なっている**からです。

この**「基準」は人それぞれ。また、時代によっても変わります。**


現代では、自分のひとり娘が連れてきた花婿候補の男が「僕、無職です」と言ったら蹴とばしてしまいますが、昔は、「無職」というのは、食べるのに困らない大家の若旦那という意味で、玉の輿の縁談だったそうです。

「いい会社」という言葉のとらえ方も、今や人それぞれですよね。大企業が必ずしも安定していない時代。「いい会社」のイメージは、「働きやすい会社」だったり「社会貢献している会社」だったり、人によって異なります。

「失敗」という言葉もそうです。言葉のとおりネガティブにとらえる人もいれば、ナポレオン・ヒルのように「失敗は利益のタネ」と、ポジティブにとらえる人もいる。

「営業」もそう。「人から嫌われる仕事」ととらえるか、「人に喜ばれる仕事」ととらえるかで、取り組むスタンスがまったく変わります。

何が言いたいのかというと、**人は、自分勝手にそれぞれの「基準」を持って生きているということです。**

そして、**営業を成功させるには、相手の基準を壊してほしい**のです。

私がコンサルに入ったある会社の飛び込み営業に「1日に何件飛び込むんですか?」と聞いたら「15件です」との回答。「それ倍にできませんか?」と提案したら、「いやいや、絶対に無理です」と。ところが、「いや、やりましょう!」と強制したら、できてしまうんですね。そして、売り上げも倍になりました。

「基準」を変えればできるんです。

世の中には、この「基準」について2つのタイプの人がいます。

1つ目のタイプは、**過去やってきたことをずーっと基準にする人。**

2つ目のタイプは、**こうなりたいという理想像を基準にする人。**

言うまでもなく、理想像を基準にする人はブレイクスルーができる人です。

ちょっと下品な表現ですが、あなたには、ぜひ、「**前例なんてくそくらえ！**」と思ってほしい。


私の体験談です。

以前に私が福岡の支店長だったころ、どうしても出席しなくてはならない結婚式が東京であったんですね。で、その日、福岡って空港と市街が近いので、ちょっと油断して、空港に着いたのがフライトの13分前ぐらいだったんです。うわぁと思って、搭乗口に行ったんですが、係の人に「ここを通れるのはフライトの15分前までです」と止められてしまいました。

普通ならここであきらめます。でも私、「前例なんてくそくらえ！」ですから、あきらめずにフロアを見回したんです。すると、どうも責任者っぽい女性が奥にいたんです。「すいません、あの人呼んでもらえます？」と。そして、その女性に「私は、どうしてもこの飛行機に乗らなきゃいけないんです！ これに乗れなかったら人生、たいへんなことになる。責任取れるんですか」と訴えた。そうしたら、「分かりました、しょうがない」と、通してもらえました。

もう1つ、私の体験談。

私、営業の前は社長秘書だったんですけど、秘書になりたてのときに大きなイベントを担当したことがありました。社長から、「イベントの出店ではジュースとかビールをどぶづけにして売るやつは儲かるから、あれ頼むね」と言われたんですね。どぶづけって、お祭りとかで、氷水にドリンクが入っているあれのことです。「分かりました」と意気揚々と準備していたある日のこと、社長から「浅川くん、ところでさ、免許の移動ってした?」と言われて、私、「……はい?」と。

たとえイベントでも、お酒を販売するには免許が必要なんですね。うわっ、たいへんだと思って、税務署に電話したんです。そしたら「いや、ちょっとそれはもう期限が過ぎてますね」との返事。すぐ車を飛ばして、税務署に乗り込んで、「これは自分にとって最初のミッションで、これコケたらたいへんなんです」と思い切り説得しました。そうしたら、税務署が、OK出してくれたんです。

言いたいこと、伝わりましたでしょうか？

「ダメだ」というのは前例ですよね。

空港だろうが税務署だろうが、相手は、勝手に決めた「基準」で「ダメだ」と言っているわけです。

その**「ダメだ」に素直に従わない**でほしいのです。

「基準」は、人それぞれって言いましたよね。

「これがダメだと困るんです！」と、**本気の本気で交渉すると、意外にOKになる**ことがある。私は、そんな「本気の交渉」で、窮地を脱する経験を何度もしています。

もう一度言います。

ぜひ、あなたには「こうなりたいという理想像を基準にする人」になっていただきたい。

そして、**「前例なんてくそくらえ」**。それが成功する人の考え方です。

コンフォートゾーンからストレッチゾーンへ

人はそれぞれの「基準」のなかで生きているというお話をしました。続けて、その個々の「基準」はどこから生まれてくるのかという話です。

人間の脳、というか考え方は、無意識レベルで3つのゾーンに分かれています。まず、一番根っこにあるのは**「コンフォートゾーン」**。コンフォートゾーンとは、直訳すると「楽な空間」ということ。で、この「楽な空間」の周りに**「ストレッチゾーン」**があります。ストレッチって、柔軟体操のストレッチです。柔軟体操をして痛いところまで伸ばすとビリビリとするじゃないですか。このストレッチゾーンは、違和感があって緊張するゾーンですね。そして、そのストレッチゾーンの周りに**「パニックゾーン」**という大緊張する空間がある（217ページ図参照）。

人間は、根っこにある「楽な空間」、コンフォートゾーンのなかで生きると、変化を望まず、何の挑戦もしません。たとえば、講座に参加したり、営業電話をかけたりするという行為は、最初、ドキドキしますから、コンフォートゾーンからストレッチゾーンへと自分を高める行為なのですね。

人間はストレッチゾーンに身を置くことで成長や成功を手に入れられます。

にもかかわらず、**多くの人はコンフォートゾーンにずっといたい**と考える。

それはなぜかというと、人間の脳には「生体の状態を一定に保つ」という**「ホメオスタシス（恒常性維持機能）」**というものが組み込まれているんですね。

たとえば、体温や血圧を一定に保とうとするのは、このホメオスタシスが働いています。

私は初めて知ったとき衝撃を受けたんですが、なんと、この**ホメオスタシス、人間**

は進化の過程で、情報空間にも適用するようになったのだそうです。

どういうことかというと、たとえば「年収」。年収が400万円の人は「年に1000万の仕事があるんだけど、どう?」と言われても、なかなか受けられなくなっているんです。「私はそういう仕事をする人間じゃない」と脳が拒否する。人はだいたい、自分の基準の上下10~20パーセント程度の幅の仕事を探してしまいます。

営業のコール数も一緒。コンフォートゾーンにいる人は、同じようにコールして同じような売り上げしか上げられません。

頑張って仕事をしていて、上司から「頑張ってるね。ちょっとこういう仕事があるけどやってみる?」と言われたときに、それが自分の基準の2倍の仕事だったら、普通の人はビビッて断ってしまいます。でもコンフォートゾーンを出ていく人は、「やらせてください。ぜひやります!」と受けます。

堀江貴文さんは、ある本で「いただいた仕事は全部イエスと言え」と言っていました。「やり方は事務所に帰って考えろ。最悪、できなかったら外注しろ」と。売り上げは経費でトントンになっても、「仕事を受けたという実績になる」というわけですね。

成長したいと思ったら、コンフォートゾーンからストレッチゾーンにいくことが大切なんです。

人は皆、無意識の領域で作られている
枠（空間）をもって生きている

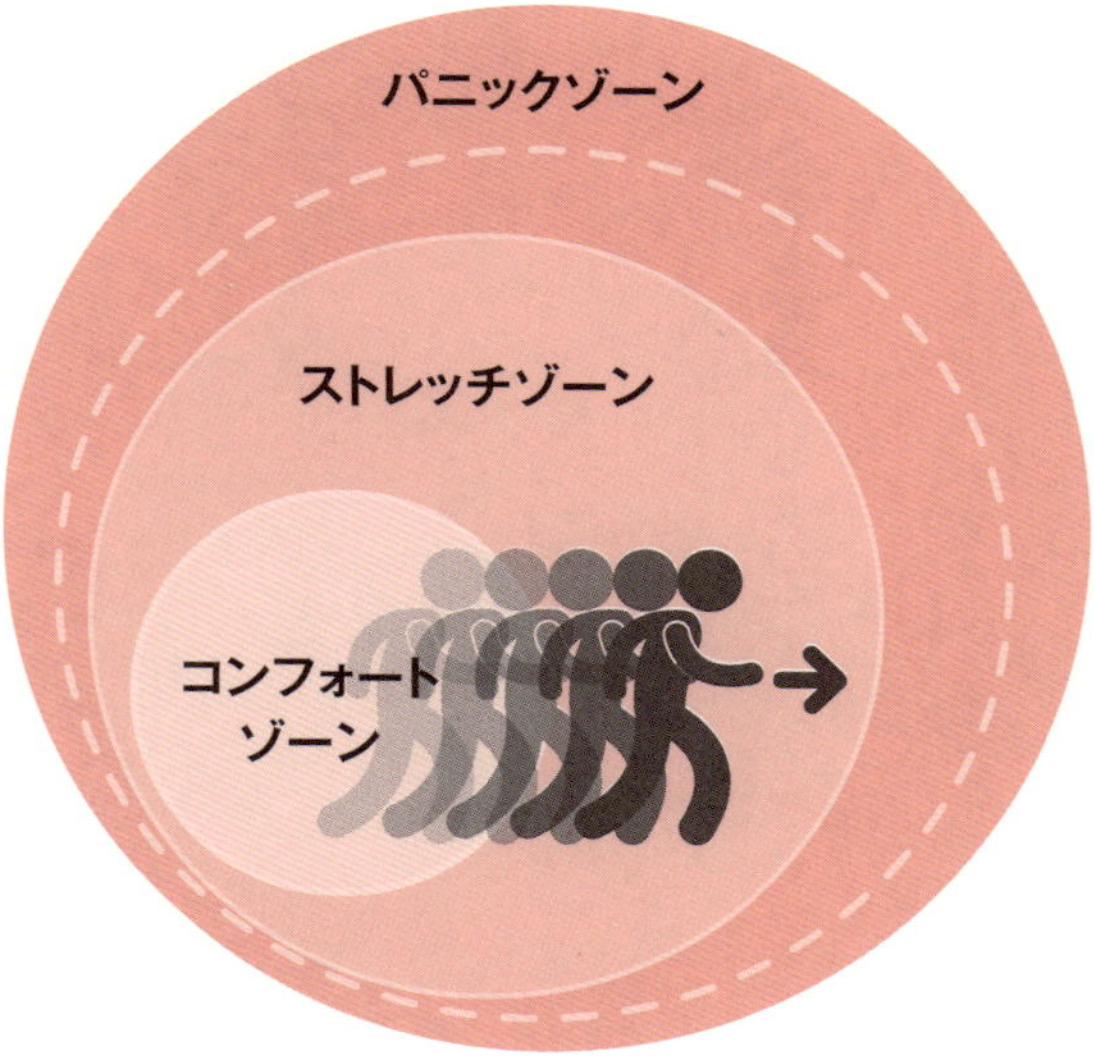

脳は、入力したものしか出力しない

脳の機能で、もう1つ、とても重要なことをお伝えします。
それは、**「脳は、入力したものしか出力しない」**ということ。

簡単な例で言えば、「人の悪口など、ネガティブなことを言うと、それが自分の脳に入って、自分の行動に反映されてしまう」のです。さらに言えば、人に文句を言ったことは3倍になって返ってくると思ってください。

よく、自己啓発本に「ポジティブなことを口にしよう」なんて書かれてありますが、それは脳科学的にも正しいのですね。

「基準」は、どのように作られるのか？

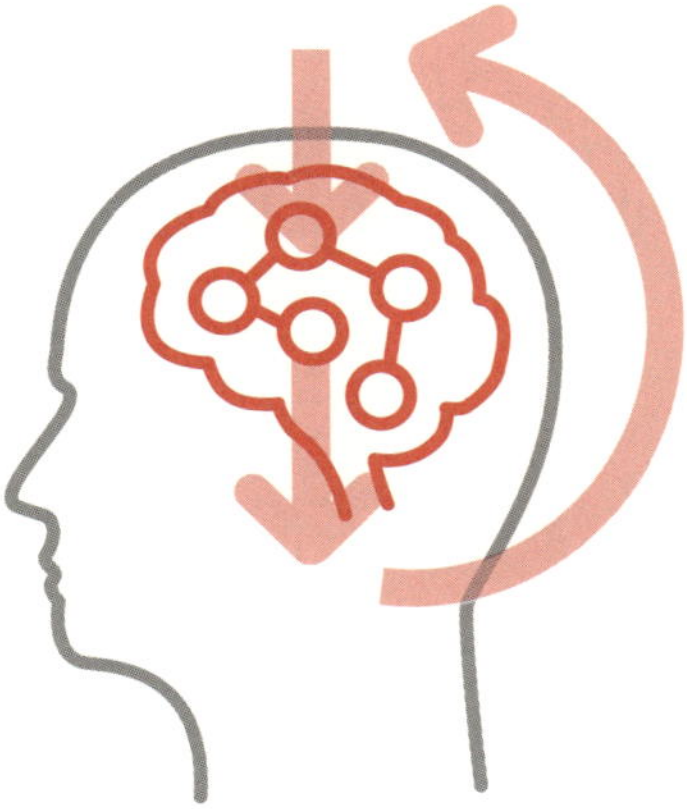

「基準」は
今まで主に身を置いてきた環境で
印象的に入力された情報や
強烈に経験・体験したことで形作られ
定着していく

脳にとって、耳に入ってくることはそれほど大きい。

夢や目標をしゃべる人は、実は、そういう夢や目標をしゃべる人たちに囲まれているから、夢や目標をしゃべるんです。

会社の愚痴や不平不満を言う人も、同じように愚痴や不平不満を言う人に囲まれているからそうなる。

営業の世界に入ったとき、私、営業本部長に「私は一番になろうと思ってここにきました」と言ったんです。

そうしたら、「それなら、トップになる秘訣を2つ教えよう」と言われました。

1つは「圧倒的な集中力で仕事をしなさい」。

そして、もう1つはなんと、「**売れてない先輩と目を合わせるな**」。

理由を聞くと、営業本部長はひと言こう言いました。

「伝染《うつ》るから」

以来、私は愚痴ばっかりの売れていない先輩には近づかないだけでなく、目も合わせないようにしました。

極端な話、売れていない人には契約書をつくる手伝いもしてもらいませんでしたね。売れていないエネルギーが、そのままお客様に渡ってしまうような気がしましたので……。

ですから、本当にどうにもならないとき以外は、しっかり自分で作った契約書をお持ちしました。

ネガティブワードは、口に出さなくても、思うだけでもアウトです。

ライバルの営業に対して「こけろ、こけろ」と念じていると、その「こけろ」が自分に返ってきます。

タイガー・ウッズは競《せ》っている相手がパットのとき、「外せ」とは思わず、「入れろ、入れろ」と思うようにしていたと語っています。

そう言えば、漫画の『ドラゴンボール』の悟空も、ライバルのことを応援していました。「ピッコロ頑張れ」「ピッコロもっと強くなれ」「オラはオメエよりちょっとだけ強くなるから」と。

でもライバルの成長よりも1ミリでも成長したら勝てるわけじゃないですか。

「ライバルこけろ」と思ったら下を見てしまいます。さらに上にいきたいのなら、ライバルにもエールを送るんです。

ですから、ライバル企業についても「あそこ、頑張ってるな」と喜んであげる。

ちなみに、私は営業になったとき、社内の先輩ではなく、アメリカのトップモチベーターと言われるジグ・ジグラーをライバルだと公言していました。

生意気の極みですが、そうやって、**上を見るようにした**んです。

「脳は、入力したものしか出力しない」

だから、**「脳に何を入れるかには細心の注意が必要」**だと、わかっていただけましたでしょうか？

ウーロン茶が入ったペットボトルに少しずつ水を入れていくと、はじめはウーロン茶の水割りですが、最後には水だけになってしまいます。

少しのネガティブワードも、積もり積もって脳の中身全部がネガティブになってしまうのでご注意ください。

感謝される営業の「4つの意識」

「自社の商品やサービスで、お客様の問題解決と願望実現のお手伝いを提案できる。そして、お客様から感謝されるのが良い営業」だとお伝えしました。

ということは、**「売り上げ」というのは、お客様からの「感謝のしるし」。トップセールスとは「一番喜ばれた人」**。

「お金を動かす人」はイコール「感謝を生み出す人」なんですね。

「世の中からいただいた、感謝の質と量の総和」が売り上げです。

そもそも、「経済」という言葉の語源は、「経世済民」という四文字熟語で、これは「世を経《おさ》め、民を済《すく》う」という意味だそうです。

私、実は子どものころ、政治家になるのが夢だったんですが、あるとき、「あっ、国を本当に救っているのは政治家ではなく、お金を生み出している経済人だ」と気がついて「ならば自分はビジネスで世の中に貢献していこう」と決めたんです。

さて、ここで、営業として、**お客様から感謝をいただくときに忘れてはいけない「4つの意識」**をお伝えします。これを忘れると、お客様から感謝をいただけない、おかしなことになりますので、ぜひ、意識してください。

▼意識1 お客様の「問題と願望（ニーズ）」をしっかり聞く

これ、すごく大切です。カリスマ営業コンサルタントのブライアン・トレーシーは**「ノー・ニーズ、ノー・セールス」**と言っています。「ニーズを見つけてもいないのに売り込むな」と。いくらドクターでも、病院でイスに座った途端、「手術する？」とは言いません。満腹の人に「焼肉屋に行こう」と言っても来ませんよね。この「ニーズの聞き出し方」は第1部でお伝えしました。

1つだけお伝えすると、ヒアリングしてニーズがなくてもあきらめないでください。**ニーズは突然生まれます**から、ニュースレター（情報を渡す手紙）やセールスレター（売り込みの手紙）などで**関係を継続しておくことが大切**です。

▼意識2　お客様に対して愛をもつ

マザー・テレサ曰く、「愛の反対は憎しみではない。愛の反対は無関心である」。

つまり、**愛をもつということは、関心をもつということ**です。

私は、電車に乗っても、前の席に座った7人の1人ひとりのプロフィールや悩みを想像します。「この人、部下の育成に悩んでいそうだな、だったら自分はどうお役に立てるかな」と。そうやって人のニーズを想像して、自分の営業のレパートリーを増やしているのです。

▼意識3　一挙手一投足に誠実な一貫性をもつ

お客様の目の前と、バックヤードで、**同じように行動してください**ということです。

お客様には笑顔で対応していても、裏に回ると「あの客、ムカつく」なんて言う人は、**絶対に裏の顔がお客様に伝わります。**

そういう人は、絶対に売れないと断言します。

▼意識4　お客様は自分の鏡だと思う

ちょっとスピリチュアルっぽく聞こえるかもしれませんが、不思議なことに、営業をやっていると、「自分に似たお客様」が、「自分の現在位置を教えてくれるために」やってきてくださいます。

ですから、**アスリートのように自分をレベルアップし続けることが、お客様のレベルを上げることにつながる。**「お客様は自分の鏡」だと覚えておいてください。

会話の主導権は、聞き手にある、と知る

ここでもう1つ、人間の脳の機能に関する話です。

実は、私たちの**脳は、質問をされると必ず答える**ようにできています。

ウソだと思ったら、相手の質問に、いっさい関係のない回答をするというゲームをしてみてください。

絶対に、相手の質問への答えを一瞬考えてしまって回答が遅れます。

さらに、**脳は、GOODな質問にはGOODな答えを、BADな質問にはBADな答えを考えてしまうもの**なのです。

「日本人のいいところはどこでしょう?」と聞けば、「協調性のあるところです」と答える同じ人が、「日本人の悪いところはどこでしょう?」と聞かれると、今度は「自主性がないところです」と答える。

この原則がわかっていない営業は、自らＢＡＤな答えを導き出す質問をしていることがあります。

お客様に、「やっぱり高いですよね?」と聞けば、お客様は「そうですね。高いですね」と答えます。

逆に、「どうすれば支払いはできそうですか?」と聞けば、「あれとあれを削れば……」と答えてくださるのに、もったいない話です。

私は、営業中に相手から「浅川さん、今日決めないとマズイですか?」と聞かれることがあります。

そんなときは、こう答えます。

「いいご質問ですね。浅川は何と答えると思います?」

「え？　今までの話からすると、今日決めた方がいいって言うんじゃないですか」

「素晴らしいじゃないですか。なんでそう思うんですか？」

「だって浅川さん、成功者は決断が早いって言っていたし……」

「そうなんですか。ちなみに◯◯さんは成功者になりたいですか？」

「成功者になりたいです」

「なるほど、ならば答えは決まっていますね。頑張ってみたらどうですか？」


私、自分からは何もしゃべってないのにクロージングです。

これをですね、「今日決めないとまずいですか？」と聞かれて、「そんなことないんですけど、えーと、えーとですね、できれば早い方がいいし、締め切りもあるし……」と言ったら、お客様は逃げていっちゃいます。


つまり、**会話の主導権は聞き手にある**ということです。

野球のヒーローインタビューで、「9回ツーアウト満塁のあの場面、何を考えて打席に入ったんでしょうか？」と聞かれたときの答えが、「最近、嫁と意見が合わないんです」って、絶対にありません。**相手は、質問されたらその軸で答えなきゃいけない。**

営業時代の私の体験です。

友人とバーで飲んでいるとき、酔っ払いが「兄ちゃん、どっから来たんだよ？」と、話しかけてきたんですね。

私、カチンときて、なにしろ、こっちはコミュニケーションの専門家ですから、じゃあ、会話の主導権をとってやろうと思って切り返しました。

「そういうおじさんはどっから来たの？」

「オレは千葉の市川っていうところからだよ」

「だいぶ遠くから来ましたね。何飲んでるんですか？」

「え？　バーボンだよ」

「そうですか。おいしいですか？」

「え？　まぁなかなかうまいよ」

「そうですか。よく来るんですか？」

「え？　オマエ、めんどくせぇヤツだな……」


そう言って酔っ払いはそっぽを向いちゃいました。

つまり、質問で相手の脳みその主導権を握ることで撃退したんです。


このテクニック、実はクレーム処理にも使えます。

相手が、がーと言ってきたときに、ふいに質問を投げかけると勢いが止まります。


「あーすいません、ちなみに担当者って誰だったか覚えていますか？」

「え？　よく分かんないけど、あーだこーだ……」

「あーそうですか、ちなみにそれ、いつごろお電話されたんですか？」

「え？　いつだったか分かんねぇけど……」

「あーそうでしたか、ちなみにそのときの対応ってどうだったですか？」

「え？　まぁいいや、とにかくしっかり対応してくれよ」

こうやって止まるわけですね。
会話の主導権は聞き手にあり！
忘れないでください。

お客様の興味は1つ

「会話の主導権が聞き手にある」ということは、営業を成功させるには、質問力を磨くということが重要です。

「お客様はこんなことを望んでいると思います」という営業は売れない営業ですね。

ヒアリングが足りなくて、**最後の部分が「思います」と勝手にお客様のニーズを想像してしまっている。**これは事実ではなくて、自分勝手な解釈です。そういうことを言う営業には、私は「まだまだヒアリングが足りない」とアドバイスをします。

売れない営業の特徴をもう1つ言うと、**売れない営業は、お客様に自分や自分の商品の強みばかりを説明します。**

でも、お客様はいくらそんなものを聞かされても、心を動かしません。

お客様が知りたいことは、たった1つ。

「結局、どうなるの?」

それだけなんです。

この概念は、アメリカのトレーニングではよく出てきて、「WIIFM」と呼ばれています。「WIIFM」というのは、**「What's in it for me ?」**の略。

つまり、**「結局、私にとってどんな意味があるの?」**ということですね。

誰もが、「結局、私がそれをやったらどうなるの?」「その商品を買ったらどうなるの?」ということを絶えず心の中で問うています。

営業を成功するにはお客様に、商品を買ったあとの未来を疑似体験していただく。

ジグ・ジグラー曰く、**「営業は、言葉の筆で絵を描け」**です。

ですから、売れる営業は、質問によってニーズを掘り起こして、「買っていただくと、そのニーズをこんなふうに満たしますよ」と伝える。

そして、**プレゼンテーションでは、質問を繰り返して相手の感情を揺さぶる**のです。

覚えたことは使おう

ハリウッドスターのシルベスター・スタローンのエピソードを紹介させてください。

自らシナリオを書き、主演した映画『ロッキー』でスターになる前のスタローンは、ひたすらに映画のオーディションを受けていました。

でも、いつも、「君はイタリア訛りが強いから、ハリウッドではスターにはなれないよ」と言われて落とされていたのだそうです。

それで、ある日も、いつものように同じ理由で不合格になって、面接会場を出ていこうとしたスタローン。ドアノブに手をかけたところで、ふと、自分が書いたボクシング映画のシナリオを持っているのを思い出しました。

彼、映画の脚本の勉強もしていて、たまたま観たボクシングのタイトルマッチに着想を得て、なんと3日ほどで書いたシナリオを持参していたのです。

で、プロデューサーに「あ、そう言えば、シナリオ持ってるんです」と言ったんですね。

そう、それが『ロッキー』のシナリオ。

それを読んだプロデューサーから「面白い！　これ売ってくれ」と言われ、大金を積まれますが、スタローンは「自分が主演でなければ売らない」と言い張りました。

そして、結局、我を通すことで、成功をつかんだ。

のちにスタローンは、こんなことを言っています。


「ドアノブに手をかけても、ひと言、言うのを忘れるな。自分が持っているものを発信するのを忘れるな。それで人生は変わる」


スタローンの言葉のとおり、いくら本や講座で学んで「武器」を手に入れても、**使わなければ真価は発揮されません。**

ですから、**本書で学んだテクニックは、ぜひ、自分の業界に当てはめて考え、あなたの実際の営業の場面で使ってほしいのです。**

ちなみに、私は営業時代、研修などで学んだテクニックはすぐに自分の電話営業で使っていました。

その私の姿を見た隣の席の先輩は「浅川ちゃんはもう、すぐ使うね」なんて言っていましたが、その先輩は数か月後には、私の部下でした。

こういうことは本当に起こるんです。

学んだことは、学んで終わりにせず、使い倒してほしい。

学んだことを自分の業界に当てはめて、使い倒すことで自分の血肉にしてください。

自分の血肉になるレベルまでいけば、それが訓練となって、学んだテクニックを無意識レベルで使いこなせるようになります。

応用のテクニックは、そうなってから使えばいいのです。

「これで決めましょう」が言える人

お客様の背中を押す、「これで決めましょう」というひと言。

言うまでもありませんが、営業になりたての新人や営業が苦手な人って、このひと言がなかなか言えません。

一方、売れる営業は、これがもう当たり前のように言える。

それこそ、まるで挨拶のように。

じゃあ、どうして言えない人がいるのかというと、そういう人は、言葉に勝手に重りをつけてしまっているんです。

勝手に重りをつけて、**「このひと言って、失礼なんじゃないか」という勘違い**をしてしまっている。

正直に言えば、**実は私も、最初はこのたったひと言が言えませんでした。**

言えなくて、クロージングができなくて、「飛行場の上を旋回し続ける飛行機」でした。

「これで決めましょう」

「これで行きましょう」

「これで行ってみたらどうですか？」

「これでぜひ人生を変えましょうよ」

「これが絶対に合っています」

「これが、私にお勧めできる最高のプランです」

家で何度も何度も練習しました。

ですから、今では簡単に言えるようになりました。

言えるようになってから人生が変わったたんです。

あなたも、ぜひ、**「これで決めましょう」が言える人**になってください。

忘れられない お客様のひと言

第2部では、「営業」という仕事の本質にかかわる考え方や、お客様の心理などについてのお話をしました。この第2部の最後に、私にとって一生忘れられない、お客様の言葉をご紹介したいと思います。

私が社会人向けオーディオ学習プログラムの営業になって、3か月ぐらい経ったころ。電話営業で1人のお客様と出会いました。

メーカーの子会社で工場主任をやられていて、30代半ば。

お話をすると、その方、上司との軋轢《あつれき》やプレッシャーで、毎日、仕事に行くのが辛いと。このストレスから解放されたいということでした。

私には、この方を、このまま放っておいたらいけないということも、この方にとって私が販売しているプログラムが必要だということも確信できました。しかし、当時の私の営業力は非常に弱くて、なかなかクロージングできなかったんです。

どうしてかというと、その方は「奥さんに相談しなきゃ決められない」と。

で、結局、奥さんから反対されて、「申し訳ない。今回はやめます」ということになって、私は、言いたいことを言い切れないまま電話を切りました。


それから半年ぐらい経ってからのこと。

その方から電話がきたんです。私、覚えていました。すごく印象深かったんで。

聞けば、「浅川さん、あれから実は会社やめたんだ」と。

結局、上司との関係が折り合わなくて退職し、今は無職でいろいろやっている。

そうしたら、奥さんが、「あなた、半年前に言っていたプログラムをやってみて、もう1回、仕事を頑張ったらいいんじゃないの」と応援してくれているから、今度はぜひやってみたいと言うんです。

嬉しかったですね。「素晴らしいじゃないですか」とお話しさせていただきました。

で、いよいよクロージングに入ったら、この方が、「ごめん浅川さん。もう1人だけ相談したい人がいる」と言うんです。

「え？　この期に及んで何を言っているんですか？」

「浅川さん、実はさ、先生に相談したい」

「先生って、どういう意味ですか？」

「実は、会社を辞めてから、うつ病になっちゃって、その精神科の先生に最終的に判断をあおぎたいんだけど」

「ちょっと待ってください。もしかして処方箋は出ていますか？」

「もちろん出てます」

実は、私の前の会社は、クレジット決済をする会社でしたので、いわゆる精神安定剤などを処方されている方との契約は、コンプライアンス上、NGだったんです。

ですから、私は泣く泣く言いました。

「○○さん、どうもすいません。実はうちの会社はお薬を処方されている方への販売にNGが出てるんです」

そう告げると、その方、深いため息をつかれてこう言いました。

「あんとき、やっとけばよかった……」

私は、そのひと言が、ずっと忘れられません。

ですから、目の前のお客様が悩まれたときに、将来、「あのとき、やっとけば違ったかな」と言われるのが、もう絶対に嫌なんです。

私が精一杯に提案して、クロージングをかけて、それでお客様がなさらなかったら、それはそれでいい。でも、少しでも「あのとき、ああ言っておけばよかったな」と思いを残してお別れするのは嫌なんです。

ですから、私は、「営業とは、目の前の人の問題解決と願望実現のお手伝いを、扱っている商材やサービスを使って行なうことである」という言葉を何度も自分にインストールしました。この言葉が腹落ちしていれば、クロージングに怖気づきません。

むしろクロージングしないことの方が、罪悪感を覚えるようになりました。

あなたも、この「営業とは……」を脳にしっかりインストールしてください。

おわりに

素晴らしい夕日を見るために

私が大好きなアスリート、イチローの話です。

2004年、イチローはメジャーリーグで1シーズン262本の安打を打って、1シーズンの「最多安打記録」をつくりました。

そのときの打率は3割7分2厘。

このイチロー。内野安打が多い選手としても知られています。

野球に詳しくない方のために説明すると、たとえボテボテの内野ゴロでも、ボールがファーストに送られる前に1塁ベースを駆け抜ければセーフですよね。これが内野安打。

普通の選手はほぼアウトになります。でも、イチローは俊足な上に、打った瞬間にはもう走り出すという打法なので、結構、普通のゴロでも、ギリギリでセーフになるんです。

それで、私、調べてみたんです。

1シーズンの「最多安打記録」をつくった年のイチローの内野安打の数を。

そうしたら、59本でした。

もし、この59本の内野安打が全部アウトだったら……。

打率はなんと2割8分8厘まで落ちるんです。

2割8分8厘って、これ、「ごく普通にいる選手」の打率です。

何が言いたいかというと、メジャーリーグで世界記録を作った**スーパースターのイチローを作り上げたのは、「たった1歩の差」だった**ということです。

内野ゴロでアウトになるか、ギリギリでセーフになって内野安打にするか。

その1歩の積み重ねが、59回あったことで、最多記録になる。

その1歩が仮に遅かったら、普通の選手どまりだった……。

営業の世界で、その「たった1歩の差」って何でしょう?

私は、それは、**「たったひと言の差」**だと思うのです。


「いずれにしても、やってみたらどうですか?」


このたったひと言が、言えるか、言えないか。

その差が人生を変える。


あなたに伝えたいこと。

それは、「とにかく言ってみてください」ということ。


「いずれにしても、やってみたらいいんじゃないですか?」

「やってみたいなとは思いましたか?」

「私はこれをお勧めします」

「これを、ぜひやるべきです」

このひと言を、今日、言ってみてください。

最後に大好きなブライアン・トレーシーが本のなかで紹介している、彼がずっと大切にしていたという作者不詳の詩をご紹介します。

やめるな

物事がうまくいかないとき
自分の進む道がずっと上り坂に思えるとき
貯金は少なく借金ばかりが嵩むとき
微笑みたいのにため息しか出ない
心配事で心が押しつぶされそうなとき
必要とあらば休んでもいい
でもやめてはいけない

人生に紆余曲折は付きもの
誰もがそれを経験する
そして数多くの敗北を味わう
彼も諦めなければ勝てていたかもしれない
どんなに苦しくても諦めてはいけない
次のチャンスで成功するかもしれない
成功と敗北は表裏一体
疑いの雲があなたの目を曇らせ
自分がどれだけ成功に近づいているかが分からない
遠くにあるように見えるが
実はすぐそこにあるかもしれない
だからたとえ力いっぱい打ちのめされても
しがみついていよう
最悪の状態に思えるときこそ
手を引いてはいけないのだ

私がボロボロになるまで読み込んだ本の最後に書いてあった詩です。
私は毎年、この詩を手帳の最後のページに書いて、苦しいとき、心が折れそうなときの心の支えにしてきました。

人生という物語には、いいときも悪いときもあります。
チャレンジすれば、辛い思いもするでしょう。
だけれども、**夕日の本当の素晴らしさを見られるのは、外に出た人だけ**です。

最後に、あなたに、この言葉を贈りたいと思います。

「いずれにしても、やってみたらいいんじゃないですか?」

浅川智仁

【著者紹介】

浅川　智仁（あさかわ・ともひと）

◉――1978年4月21日生まれ。山梨県出身。早稲田大学卒。ライフデザインパートナーズ株式会社代表取締役。モチベーター、営業コンサルタント、経営コンサルタント。

◉――2009年9月「セールスの社会的地位向上」と「能力開発の裾野を広げる」をミッション（使命）に掲げ、Life Design Partnersを設立。2011年12月22日には、ライフデザインパートナーズ株式会社として法人化。代表取締役に就任。

◉――専門である成功哲学をベースに、大脳生理学や行動心理学、脳機能科学などの要素を積極的に取り入れた独自の指導方法で、業種を問わず多くのセールスパーソンや経営者の飛躍的な売上アップに貢献。特に営業未経験者や、入社間もないクライアントの指導には定評があり、「営業２年目ながら世界ナンバー１に輝いた」（日本最大手潤滑油製品販売業法人営業）、「１週間で過去４か月分の成績を上げげた」（広告営業）、「営業挑戦半年で全国１位になった」（電気機器法人営業）、「４か月でマネージャーに昇格した」「未経験ながら200人中第５位の成績を獲得した」（保険セールス）など、圧倒的な成功事例を多数出している。

◉――2010年８月にはThe Japan Timesが選ぶ『アジアを代表する次世代の経営者100人～2010』に、ワタミ株式会社創業者渡邉美樹氏やジャパネットたかた代表取締役社長髙田明氏と共に、営業コンサルタントとしてただ一人選出される。

◉――独立前は、世界最大級の能力開発企業で営業インストラクターとして活躍。営業未経験ながら入社２年のスピードで年間トップセールスを獲得。支店責任者としても、着任初月に対前月比230%の売上を実現。支店メンバーを全国トップのセールスパーソンに育てることにも成功した。

◉――「セールスは芸術である」が持論で、営業職が尊敬される世の中創りをめざし、日々活動中。主な著書に『フリーターだったボクを年収10倍に導いた101の言葉』（廣済堂出版）などがある。

電話《でんわ》だけで３億円《さんおくえん》売《う》った伝説《でんせつ》のセールスマンが教《おし》える
お金《かね》と心《こころ》を動《うご》かす会話術《かいわじゅつ》　〈検印廃止〉

2018年５月23日　第１刷発行
2021年２月５日　第８刷発行

著　者――浅川　智仁
発行者――齊藤　龍男
発行所――株式会社かんき出版
東京都千代田区麹町4-1-4 西脇ビル　〒102-0083
電話　営業部：03(3262)8011㈹　編集部：03(3262)8012㈹
FAX　03(3234)4421　振替　00100-2-62304
http://www.kanki-pub.co.jp/

印刷所――シナノ書籍印刷株式会社

ISBN978-4-7612-7344-6 C0030